POUR EN FINIR
AVEC L'OLYMPISME

Du même auteur

Recherchée : justice, Ferron éditeur, 1973.

Les Journalistes (en collaboration), Québec/Amérique, 1980.

Le suicide, Institut québécois de recherche sur la culture, 1985.

L'université – Questions et défis, Institut québécois de recherche sur la culture, 1988.

Le vingt-quatre octobre, Les Éditions du Beffroi, 1988.

La police et les valeurs démocratiques, Institut québécois de recherche sur la culture, 1991.

L'information, un produit comme les autres ?, Institut québécois de recherche sur la culture, 1992.

L'angle mort de la gestion, Institut québécois de recherche sur la culture, 1995.

Laurent Laplante

POUR EN FINIR
AVEC L'OLYMPISME

Boréal

Les Éditions du Boréal sont inscrites au Programme
de subvention du Conseil des Arts du Canada
et reçoivent l'appui de la SODEC.

Conception : Gianni Caccia

© Les Éditions du Boréal
Dépôt légal : 2ᵉ trimestre 1996
Bibliothèque nationale du Québec

Diffusion au Canada : Dimedia
Distribution et diffusion en Europe : Les Éditions du Seuil

Données de catalogage avant publication (Canada)
Laplante, Laurent, 1934-

    Pour en finir avec l'olympisme

    (Collection Pour en finir avec)

    ISBN 2-89052-754-9

    1. Jeux olympiques – Philosophie. I. Titre. II. Collection.
GV721.6.L36 1996   796.48'01   C96-940188-4

1

« Le CIO ne nous a pas compris ! »

Le choc fut si dur qu'on en pleure encore dans les chaumières québécoises. Imaginez, en effet, l'humiliation. Alors que Québec s'était convaincue et avait répété à tous les vents que sa candidature aux Jeux d'hiver de 2002 avait des chances plus que raisonnables de l'emporter lors du scrutin de juin 1995, le verdict sans appel du Comité international olympique relégua le projet québécois au quatrième et dernier rang. Dernier rang, il est vrai, parmi les quatre finalistes retenus à même la dizaine de candidatures initiales, mais dernier rang tout de même. Derrière Salt Lake City, ce qui avait d'ailleurs été envisagé comme vaguement possible, mais aussi derrière Sion et Östersund, que les promoteurs québécois considéraient comme participant à une autre course que les deux candidates sérieuses et comme promises à un négligeable prix de consolation. Humiliation supplémentaire, la proposition québécoise ne recueillit en tout et pour tout que sept voix. *Sept*! Sept sur les 89 voix exprimées. Contre 54 pour Salt Lake City, 14 pour Sion et 14 pour Östersund. S'il y avait eu un second tour, Québec n'y aurait pas accédé.

Sans même avoir à se concerter, les promoteurs de Québec 2002 décidèrent, d'urgence, de transférer sur le sympathique et traditionnel bouc émissaire la responsabilité de cette déconfiture. Ils obéissaient ainsi, face à une décision internationale, au réflexe qui les avait toujours guidés à domicile. Ce n'était guère conforme à ce qu'on désigne avec emphase comme l'esprit olympique ? Et alors ? C'était, en tout cas, conforme à leur conception de la transparence, compatible avec leur infaillibilité autoproclamée, plus propice à la négociation des contrats futurs. Des boucs disponibles et corvéables à merci, on en trouva d'ailleurs un vaste troupeau. On exhuma même une déclaration du vice-président du CIO, le Canadien Dick Pound, dans laquelle il était question des 75 ans du président Juan Antonio Samaranch et du fait que la charte olympique considérait cet âge comme celui du départ à la retraite. Forts de cet argument, les promoteurs québécois laissèrent venimeusement entendre que la déclaration de M. Pound avait « beaucoup nui[1] ». On versa aussi dans des oreilles complices la rumeur évidemment scandaleuse d'un vaste complot européen (!) destiné à préserver les chances de Sion ou d'Östersund lors d'un deuxième tour ! La double médaillée d'or Myriam Bédard prédit, toute magnanimité olympique mise au clou, que « les jeux de Salt Lake City seraient des jeux "plates"... » On mit fielleusement et tardivement en doute les critères de sélection des vieillards du CIO. Bref, les promoteurs de Québec 2002 battirent vigoureusement leur coulpe sur la poitrine des autres et se déclarèrent, en toute objectivité, les meilleurs.

Certains de ces promoteurs, notamment ceux appartenant à la gent politique, poussèrent même un cran plus loin. Puisqu'ils avaient porté le flambeau plus ostensiblement que certaines éminences grises, il leur fallait rétablir en catastrophe leur crédibilité. Ils se lancèrent donc dans de rassurants calculs, du type : « La visibilité que notre candidature a procurée à la région de Québec vaut beaucoup plus que les quelques millions consacrés à l'opération. Les retombées sont incalculables... » On calculait tout de même un peu, histoire sans doute de bien établir qu'il entre un peu de confiture dans

toute déconfiture réussie : « La présentation de 50 minutes que nous avons faite
à Budapest a été vue par 10 millions de personnes. Cela vaut, au tarif publicitaire,
des millions de dollars. Nous avons mis
Québec sur la carte... » D'ailleurs, ajoutait-
on sur cette lancée, « la Communauté
urbaine de Québec n'a investi qu'un seul
million de dollars dans Québec 2002. Tout
le reste vient des autres gouvernements ou
de l'entreprise privée. » Ce qui revenait à affirmer : « Nous n'avons pas pu gaspiller,
puisque l'argent venait des autres ! »

Dans le monde médiatique, dont Québec
2002 avait victorieusement sollicité les
commandites, l'autopsie du drame fut menée, comme on pouvait s'y attendre, avec
mieux encore que l'insoutenable rigueur in-
tellectuelle de tous les jours. Les chroniqueurs sportifs rappelèrent les pénétrantes
et courageuses mises en garde maintes fois
servies par leurs soins aux décideurs politiques. « Nous le savions bien, nous, ce qu'il
fallait faire pour convaincre le CIO. Il fallait
construire de grands équipements comme
le CIO les aime. Il fallait construire un
deuxième Colisée, accorder un Casino aux
Nordiques, investir les fonds publics par
dizaines de millions dans les infrastructures
sportives, accueillir les membres du CIO
avec des salves de 20 ou 25 coups de
canon... Les politiciens, en irresponsables
qu'ils sont, ne nous ont pas écoutés. C'est

à eux qu'il faut imputer notre humiliation collective. »

Parmi les sages journalistes qui alimentent les pages éditoriales de leur prose « pensée » ou qui écrivent en marge du « tabloïd » sportif, il s'en trouva à peine quelques-uns, comme François Bourque, du *Journal de Québec,* ou quelques-unes, comme Ghislaine Rheault, du *Soleil,* pour conserver la distance critique souhaitable. La majorité des scribes préférèrent, sans jeu de mots, tourner la page, inviter les gens à ne pas s'abandonner à la « morosité » (« qui n'a évidemment pas sa place dans une ville dotée d'autant d'atouts que Québec »), jouer du sondage pour montrer que les Québécois retroussaient déjà leurs manches pour la prochaine candidature. On découvrait tout à coup, comme le faisaient de leur côté les élus, que Québec existait avant Québec 2002 et même avant les Nordiques de la ligue nationale de hockey, et on promettait que Québec, « comme elle l'a toujours fait », allait « continuer » de mettre l'accent sur ses ressources permanentes plutôt que sur des activités ponctuelles… De quoi ressusciter Jean de La Fontaine pour lui dicter une suite aux « raisins qui sont trop verts ».

Le résultat de cette élégante séance d'imputabilité à géométrie variable et de poncepilatisme effréné dépassa les espérances les plus folles des promoteurs de Québec 2002. Un sondage effectué quelques jours à peine après le vote meurtrier de Budapest révéla, en effet, chez le bon peuple, la floraison d'un cynisme très réconfortant. Ainsi, presque la moitié des gens interrogés expliquèrent la victoire de Salt Lake City par les «cadeaux plus généreux» remis aux grands électeurs du CIO par la ville de l'Utah. De là à dire : « Nous étions les meilleurs, mais on nous a volé l'élection ! », il n'y avait que le traditionnel pas à franchir. Très peu eurent l'audace d'envisager l'hypothèse que le dossier de Québec 2002 aurait pu comporter des faiblesses. Au terme de cette indolore prise de conscience, 62% des Québécois interrogés déclarèrent en chœur : « Il faut que Québec pose de nouveau sa candidature ! »

On avait là l'acte de foi dans toute sa pureté. En effet, avant même de savoir ce qui s'était passé, comment le CIO avait raisonné, qui avait trompé qui, pourquoi les « pointages » optimistes avaient accouché, grandes montagnes aux grossesses futiles, de sept pitoyables petites voix, le peuple se tournait résolument vers l'avenir : « Encore ! »

Un aussi bel optimisme, dont se targuerait n'importe quelle collectivité, fait d'autant plus honneur aux Québécois qu'ils savent d'expérience ce que peuvent coûter les gloires olympiques. Ils continuent, en effet, vingt ans après les Jeux de Montréal de 1976, à verser des acomptes sur l'hypothèque du Stade olympique, acomptes qui ne parviendront jamais à effacer une dette qui ne descend jamais durablement, même aujourd'hui, sous la barre des 400 millions de dollars. En redemander alors même qu'on paie toujours les frais du premier service, c'est, on en conviendra, un admirable entêtement. Mais ce peuple a pour devise : « Je me souviens ! »

Tout cela mérite réflexion. D'où vient que le mythe olympique mobilise avec une telle force, qu'une population qui paie déjà pour une ferveur olympique passée veuille payer davantage, que les médias perdent tout esprit critique lorsque s'entrechoquent les anneaux olympiques, que les pouvoirs publics, qui ne savent comment résorber leurs déficits insondables, appuient sans même les connaître les plus folles propositions olympiques, que de nombreux éducateurs souscrivent à toutes les exigences olympiques alors même qu'ils en connaissent le mercantilisme…

Le défi est de taille. Il s'agit d'en finir avec le mythe olympique ou, du moins, de soustraire à son magnétisme un maximum de personnes.

2

Un mythe
bien chevillé

Comme la maternité, la tarte aux pommes de la belle-mère et l'impôt sur le revenu, le mythe olympique traverse les ans sans jamais être sérieusement mis en cause. Performance impressionnante que celle-là, surtout si l'on songe que les credos les plus copieusement blindés finissent normalement, tôt ou tard, plutôt tôt que tard, par promener une cuirasse aussi perforée qu'un tamis. Qu'on pense à ces partis politiques enfantés par une Ligue de moralité et qui meurent dans les scandales, à certaines chastetés bruyamment affirmées et dont les ratés finissent par mobiliser les tribunaux, à l'admirable douceur que devaient avoir les grands soirs de l'univers marxiste et dont le goulag a liquidé l'espoir… L'aura des autres mythes se perd ou se ternit ; même la plus vénérable statue de Lénine perd ses boulons ; l'olympisme caracole toujours.

La preuve ? Elle nous saute aux yeux. Vantés il y a cent ans par un certain baron qui maniait le vocabulaire scout mieux qu'un Guy de Larigaudie, les Jeux olympiques émoustillent encore l'imagination populaire à la manière d'une indéfrisable *Chanson de Roland.* Un peu plus et le Comité international olympique suspendrait, un très bref instant, l'encaissement de ses chèques pour mieux entendre le son du cor dans la vallée de Roncevaux. C'est dire ! Ainsi, quand on extrait de la prose surannée du baron de Coubertin l'émouvant paradoxe selon lequel *l'important est de participer,* aucun des thuriféraires stipendiés de l'olympisme ne succombe à un rire convulsif. Certes, ceux-là ont idée des menus avantages qu'un Mark Spitz ou un Johnny Weissmuller a pu tirer de sa « participation » désintéressée, mais ils savent se concentrer sur l'essentiel. « Cachez, disent-ils, ce dollar que je ne saurais voir… » Olympisme et faiblesse humaine font chambre à part. Au moins en théorie.

Admirable schizophrénie ? On ne sait trop. Dans ces milieux, on prétend toujours carburer à l'idéal, se motiver en buvant la potion olympique. Si, d'aventure, on réclame ici et là quelques modestes centaines de millions de dollars, c'est assurément pour que la recherche de l'idéal se poursuive dans les meilleures conditions. Comme le disait ce richissime télé-évangéliste américain tardivement convaincu d'exploitation indue de la naïveté populaire et auquel les journalistes reprochaient de loger son chien dans une niche climatisée : « Dieu veut que ceux qui l'aiment vivent bien... » La divinité olympique souhaite apparemment le même confort à ses lieutenants. Il n'est tout de même pas interdit, pourrait dire le CIO dans un impensable accès de candeur, d'être à la fois croyants et riches, olympiques et comblés.

Quelques dizaines d'étages plus bas, là où respire le commun des mortels, le culte olympique déferle tout aussi fébrilement. Rien n'y surpasse la gloire d'une médaille. Bien peu de réussites scolaires ou de découvertes scientifiques y seraient préférées même au simple privilège de se rendre à Barcelone ou à Lillehammer pour une discrète figuration. À ce degré, on pleure avec les vaincus comme s'ils tombaient victimes de la jalousie des dieux. On délire avec les gagnants comme s'ils avaient héroïquement défendu la civilisation occidentale entière contre les barbares. On brandit comme un exploit personnel le mérite d'avoir assisté à la première culbute enfantine de la future médaillée ou le fait d'habiter à moins d'un jet de javelot de l'athlète qui s'est approché du record olympique. Tel journaliste sportif de renom, prenant sa retraite après une bonne trentaine d'années de bons et loyaux services, présentait comme la joie la plus pure de toute sa carrière la poignée de main de saine complicité qu'il avait pu donner à Gaétan Boucher après sa deuxième médaille d'or de Sarajevo. Comme si, un soir d'élection, un chroniqueur parlementaire s'oubliait jusqu'à verser des larmes en serrant sur son cœur le nouveau premier ministre... Inimitable !

Cela est merveilleux. On comprendrait, à la rigueur, que des politiciens retors multiplient les accolades aux médaillés, car le sens de l'État fait vite sentir à un élu qu'il est rentable de s'envelopper dans le triomphe olympique. Tout comme un premier ministre s'achète une police d'assurance quand il accompagne un coureur automobile à son dernier repos. Mais le mythe olympique réclame plus et mieux que ces hommages un peu trop « songés ». Il exige, rien de moins, la mobilisation vibrante et spontanée du bon peuple. D'ailleurs, il l'obtient, puisqu'une médaille, surtout d'or, transforme son récipiendaire en modèle pour la jeunesse et en guide spirituel vers les enivrantes délices du don de soi, du renoncement, du courage. La rage de vaincre et l'instinct du tueur, dont on se méfie normalement, avec raison d'ailleurs, reçoivent par la grâce de l'olympisme leurs lettres de noblesse et investissent sans complexe les salles de classe. Le muscle olympique, même brutal, est sanctifié. Ceux-là mêmes qui osent exprimer des doutes sur le caractère divin d'un gagnant de la coupe Stanley ou du *Mundial* se taisent d'admiration devant l'auréole dont s'orne un front olympique. Qui dit mieux ?

Le mythe olympique ne se contente d'ailleurs pas de mobiliser ses adeptes corps et âme ; il prétend répéter cette conscription dans les siècles des siècles. La vitalité de l'olympisme est telle, en tout cas, qu'il s'autorise à la fois une longévité digne des grandes religions et d'assez impressionnantes résurrections. Ainsi, la tradition rapporte, sans jamais être contredite sérieusement, que les premiers Jeux olympiques se tinrent vers 776 avant Jésus-Christ, tandis que d'autres sources prétendent trouver sur le site d'Olympie la preuve que des Jeux furent tenus dès 884 avant l'ère chrétienne. Même en adoptant la thèse la plus conservatrice, on se trouve aux pieds d'une très vénérable institution.

Au risque de peiner le pontife moderne de l'olympisme, l'espagnol Juan Antonio Samaranch, osons rappeler pourtant que ce fut, semble-t-il, un empereur romain d'origine espagnole, Théodose premier, qui brisa le cycle des Jeux olympiques à la fin du IVe siècle après Jésus-Christ. La tradition olympique comptait tout de même une douzaine de siècles. C'était déjà un assez bel entêtement.

Commence après Théodose une longue hibernation au cours de laquelle les descendants des athlètes olympiques s'employèrent à des tâches plus prosaïques, comme la création de l'Europe, un certain nombre de guerres, l'érection des empires espagnol, hollandais, portugais, allemand, français et anglais, la rédaction de différents credos et de quelques grandes chartes, de bienveillantes éliminations d'infidèles (pour leur bien) et, bien sûr, la « découverte » de l'Amérique. En fait, quinze siècles s'écoulent entre le geste irrespectueux de Théodose et la résurrection olympique réussie par Pierre de Coubertin à la fin du XIXe siècle. Quinze siècles qui n'empêchèrent pas l'illustre baron et ses collègues d'entrer instinctivement en communion avec l'ancien idéal et de restaurer le mythe dans toute sa virginale vigueur. À côté d'un tel exploit, le réveil de la Belle au bois dormant semble succéder à une courte sieste.

Il y eut, cependant, d'autres éclipses, mais aucune dont la durée puisse rivaliser avec ce lourd coma de quinze siècles. En 1916, Berlin, qui devait présenter les sixièmes Jeux olympiques des temps modernes, était en guerre. Même situation de conflit militaire en 1940 et en 1944. Dans les trois cas, les belligérants préférèrent, contrairement aux anciens Grecs, continuer à en découdre plutôt que de consentir à la trêve sacrée. Quant aux pays, déjà nombreux, qui ne participaient pas à ces conflits dits mondiaux, ils n'eurent pas grand-chose à dire dans la suspension des activités olympiques. En bons figurants qu'ils étaient – beaucoup d'entre eux, à dire vrai, n'aspiraient même pas encore aux joies de la figuration –, ils attendirent que les premiers rôles se remettent en mémoire leurs émouvantes envolées sur l'harmonie entre les peuples.

En bonne équité (?) olympique, Berlin, qui avait perdu la guerre de 1914-1918, perdit aussi son droit de reprendre en 1920 le spectacle qu'elle devait présenter en 1916. Anvers prit le relais. La même équité olympique voulut que Tokyo, après avoir perdu la guerre de 1939-1945, perde aussi le droit de reprendre les Jeux qu'on lui avait accordés en 1940. En revanche – mot très peu olympique, je le sais –, Londres, qui avait gagné la guerre de 1939-1945, put reprendre en 1948 la représentation qu'elle avait dû annuler en 1944. Une règle, dont on ne retrouvera évidemment pas la trace dans les Chartes olympiques, imposait déjà sa loi : tous les peuples, d'après l'idéal hellène, sont égaux, mais les gagnants au jeu des vraies armes sont plus égaux que les autres.

Rien dans tout cela qui puisse causer des dommages irréparables, car un mythe capable de renaître après un sommeil de quinze siècles n'allait tout de même pas se laisser arrêter par de petites guerres mondiales de quatre ou de six ans ou par de superficiels mécontentements régionaux. À condition que chacun sache qui est qui et qui a gagné quoi, l'équité olympique demeurait intacte et pouvait même prendre de l'expansion.

Le mythe n'allait pas non plus se laisser impressionner par les bouderies modernes d'un quelconque continent, surtout s'il était noir, ou d'une tendance idéologique. En 1972, à Munich, un bras de fer oppose la Rhodésie et une trentaine de pays africains. Le CIO, qui avait accepté la Rhodésie, pour des raisons à lui, fait volte-face, pour des raisons à lui, et finit par l'exclure, pour des motifs sans doute excellents, mais un peu tardifs. L'olympisme rajuste son auréole et on continue. Quatre ans plus tard, en 1976, c'est au tour de l'Afrique du Sud de constituer un brandon de discorde. Deux douzaines de délégations africaines, sur ordre de leurs gouvernements, quittent Montréal et ses Jeux. Qu'à cela ne tienne ! Quand on peut compter sur un stade olympique aussi économique que celui-là, on en profite ! À la fin de l'olympiade suivante, en 1980, les États-Unis déclenchent un boycott des jeux de Moscou. Les Soviétiques apprécient le geste à sa juste valeur et, en 1984, ils renvoient l'ascenseur en boudant, en compagnie de leurs pays satellites qui n'ont guère le choix, les Jeux de Los Angeles. L'olympisme, imperturbable, continue.

Et alors ? Vétilles que tout cela, car le mythe se porte toujours admirablement. Que Théodose se le tienne pour dit, sa décision de l'an 376 de notre ère n'a fait que retarder quelque peu l'extension de l'olympisme. Ni le conflit de 1914-1918, ni celui de 1939-1945 n'ont ébranlé la tradition olympique ; tout au plus ont-ils révélé un aspect inédit du type d'équité qu'affectionne le monde olympique. Pas davantage l'omnipotence des pays riches, les affrontements entre Taïwan et Beijing, la mort de 300 étudiants en lever de rideau à Mexico, le meurtre des athlètes israéliens à Munich, l'invasion de l'Afghanistan n'ont durablement freiné la marche triomphante du mythe et son irrésistible progression. À peine a-t-il, à l'occasion, dédaigneusement marqué le coup.

Pareille performance serait en tous points admirable si elle démontrait, par exemple, l'héroïque fidélité à un idéal élevé. Rien n'est cependant moins sûr. Certes, les oriflammes de l'olympisme traversent les siècles et survivent aux pires conflits, mais bien malin qui pourrait localiser et définir avec un tantinet de rigueur ce qui distingue le déploiement olympique de n'importe quel autre spectacle commercial ou d'une quelconque grande opération de désinformation politique. Le rituel, certes, est résistant, mais la voracité l'est tout autant et elle invente, de génération en génération, de nouvelles façons de se satisfaire. Autant, en effet, les promoteurs de l'olympisme insistent sur la stabilité du cérémonial, de la même manière que nos parlementaires s'émeuvent toujours de sentir à leurs côtés le gentilhomme huissier à la verge noire et versent un pleur ému chaque fois qu'ils constatent la rassurante présence d'une masse archaïque sur la table centrale de l'Assemblée nationale, autant l'aréopage olympique sait assouplir discrètement son décalogue quand passe le dividende juteux et allonger sa soupe chaque fois qu'il peut la mettre rentablement au goût du jour.

Car la réussite olympique, quoi qu'on en dise, n'appartient pas à l'épopée des belles persévérances, mais à la très frustrante histoire des tromperies durables et efficaces. Le produit change constamment, mais rarement l'emballage. Ou l'inverse, peu importe. Les mots traversent le temps, mais ils prennent valeur de ronronnement sans signification. Les hymnes aux performances individuelles gonflent toujours les poitrines et les chroniques sportives, mais l'accumulation des médailles, d'une célébration à l'autre, flatte avec la même imperturbable régularité les nationalismes et les idéologies.

L'emphase du serment s'associe toujours à la danse de la flamme olympique, mais l'athlète lit son texte sans y verser son âme et la flamme a appris à voyager en avion.

Aurions-nous donc, en « fils déchus de race surhumaine », trahi l'idéal ranimé par un baron missionnaire ? Aurions-nous eu assez d'un tout petit siècle pour détourner l'olympisme du « culte des sommets et [de] la passion des blancheurs » ? Même pas. Bien sûr, des sports se sont ajoutés et d'autres se sont éclipsés, les participants se sont multipliés, les revenus ont explosé, mais l'énorme fossé qui scandalise notre temps existait dès le départ entre le discours et la réalité, entre le mythe affirmé et la pratique observable. À cet égard, notre époque n'a pas à se reprocher la moindre trahison. Elle subit tout simplement, comme toutes celles qui se succèdent depuis Coubertin, le magnétisme de la supercherie olympique. Elle aussi souffle avec ardeur dans les trompettes olympiques, elle aussi surveille de l'œil et de l'oreille la séduisante activité des caisses enregistreuses. Banal.

Dès le départ, les mensonges olympiques ont servi les intérêts de ceux qui les propageaient. Les modernes promoteurs de l'olympisme respectent le même idéal.

3

Place aux puissants

Quand Coubertin plaide, plus particulièrement à partir de 1892, en faveur d'une résurrection des Jeux olympiques, il fait référence à ce qu'il croit ou prétend être une balise éclairante : l'idéal hellène. Ce que les Grecs avaient réussi, voilà ce qu'il invite ses contemporains à refaire. Le problème, c'est que les anciens Grecs, malgré leurs indéniables mérites, se faisaient une idée et une interprétation concrète pour le moins limitatives de la démocratie et de l'équité sociale. Si Coubertin s'en douta, il insista plutôt sur autre chose.

Les Grecs, en effet, inventèrent la démocratie, mais, comme s'ils avaient aussitôt regretté leur imprudence, ils s'empressèrent d'en limiter l'exercice. N'avaient droit de vote que les hommes, que les hommes d'une certaine origine ethnique, que les hommes de cette ethnie qui avaient toujours joui de la liberté. À peine, semble-t-il, quelques milliers d'hommes à Athènes ; probablement pas beaucoup plus dans les autres cités. Les Jeux grecs respectèrent donc ce que Coubertin appelle l'idéal hellène lorsqu'ils refusèrent l'accès à l'olympisme à tous ceux et à toutes celles qui ne remplissaient pas ces conditions. Par une formule qui rappelle celle qu'on entendit longtemps dans nos églises en guise de préparation un peu déprimante aux messes de mariage, les Grecs demandaient d'ailleurs à la foule si quelqu'un connaissait des empêchements à la participation de tel ou tel athlète : « Quelqu'un d'entre vous peut-il reprocher à l'un de ces athlètes de n'être pas de naissance pure et de condition libre, d'avoir été puni de fers, d'avoir montré des mœurs indignes ? » Malgré son effort apparemment sincère pour étendre l'accueil olympique aux dimensions de l'humanité, l'idéal hellène si cher à Coubertin manquait un peu de souffle.

L'idéal hellène, en revanche, ne manquera pas totalement de souplesse. Certes, il rejettera toujours avec intransigeance les athlètes issus des peuples soumis au joug grec ou à celui des Perses, mais, comme par hasard, il trouvera normal, forcément, une fois la Grèce vaincue et intégrée à l'Empire romain, de laisser entrer dans le stade et accéder aux couronnes de laurier ceux que lui désignait le pouvoir romain. La chronique rapporte d'ailleurs que la première couronne à coiffer une tête non grecque fut déposée sur la tête de Tibère qui allait devenir, rien de moins, empereur. Sans doute Tibère était-il ce que la télévision française appellerait aujourd'hui « un *sponsor* important ». L'idéal hellène, qui connaissait la valeur irremplaçable des principes, ne gaspilla donc pas les siens dans une cause perdue. Il les mit au clou et fit, sans doute malgré lui, un grand pas en avant vers l'humanisme intégral. Coubertin et ses successeurs en prirent bonne note.

Sur cette lancée, Coubertin nota d'ailleurs avec la même minutie exemplaire les autres décisions grecques qui épousaient le point de vue du plus fort. Lorsque, par exemple, Corinthe décida, par une aberration fort peu compatible avec les vues plutôt machistes d'Athènes et de Sparte, d'organiser des Jeux auxquels les femmes pouvaient participer, elle provoqua une réaction irritée chez les seuls vrais tenants de l'olympisme bien compris, les mâles. Le CIO de l'époque pourfendit cette extravagance. Humanisme, oui, humanisme à deux sexes, non. Coubertin et ses successeurs en prirent bonne note.

Quand l'heure sonna enfin pour le baron

au cœur d'Hellène de mettre sur pied et de présenter au monde les premiers Jeux de l'ère moderne, il savait donc déjà deux choses. D'une part, il savait que des principes clairs sont indispensables, si l'on veut éviter les dérapages de mauvais goût et les incursions de la racaille ; d'autre part, il savait que les puissants doivent être traités selon les critères de leur choix, puisque la force est, sans contestation aucune, une vertu olympique.

Dès les premières olympiades des temps modernes, Coubertin eut l'occasion de mettre à profit les leçons apprises aux genoux des Hellènes. Il réussit en quelques années à susciter, dans un cercle de gens aussi riches que lui, un intérêt certain pour une renaissance de l'olympisme. Une fois les bénéfices philanthropiquement estimés, le groupe se concentra vite sur les questions essentielles : quand et où ? Le quand se négocia sans anicroche, car tous reconnurent qu'on pouvait sans inconvénient s'en tenir à un cycle quadriennal, la tradition grecque ayant déjà fixé cette règle qui en valait bien une autre. Sans long débat, pour bien exprimer la docilité avec laquelle on s'inclinait devant les valeurs et les rituels olympiques, on mit le cap sur 1896.

Le choix du site fit voir, quant à lui, que les vertus olympiques n'avaient pas fait disparaître toute trace d'hommerie. Coubertin avait un faible pour Paris, les Suédois pour

Stockholm, si bien qu'Athènes émergea comme un génial compromis. On fit alors l'impossible pour accréditer l'idée que tous, dès le départ, avaient voulu rendre cet hommage bien mérité au « berceau de l'olympisme ». De fait, ressusciter les Jeux dans le pays qui les avait enfantés ne manquait pas de panache. Le problème, c'est qu'Athènes, elle, se serait volontiers passée de ce touchant hommage. Tout euphémisme laissé sur la plage, elle n'éprouvait pas la moindre tentation de s'embarquer dans cette galère. Au moins deux fois au cours du seul XIXᵉ siècle, en 1859 et en 1870, la Grèce avait pratiqué la respiration artificielle sur le mythe olympique, sans réussir à lui redonner plus qu'un éphémère souffle de vie. Bref, les Grecs, loin de se féliciter d'un honneur auquel ils auraient préféré tourner le dos, ne consentirent à tenir les premiers Jeux olympiques de l'ère moderne que l'épée dans les reins et moyennant une aide importante en espèces trébuchantes et sonnantes. Coubertin, on le voit, montre, dès ses premières réalisations, sa parfaite assimilation des leçons du passé : il vante l'olympisme comme une merveilleuse incarnation de la démocratie, mais il force la main de ceux qui s'en passeraient allégrement. Démocratie, oui, mais paternellement dirigée.

Dès 1896, le coût des Jeux agite le gouvernement grec. Le premier ministre,

M. Tricoupis, s'exclame : « Comment les étrangers jugeraient-ils un pays qui, couvert de dettes, se livrerait à des dépenses [...] disons somptuaires ? » Le patriotisme des Hellènes, la vente de timbres commémoratifs et surtout le versement par un riche industriel, Georges Averoff, d'une somme d'un million de drachmes pour la reconstruction du stade, sauvent les Jeux d'une mort prématurée[1].

Irrésistible enthousiasme populaire, on le voit, à défaut des concluants sondages qu'invoqueront les promoteurs de l'olympisme contemporain ! Mais le pire est tout de même réglé. Maintenant qu'on a payé à la Grèce, au sens le plus marchand du terme, le tribut qu'exigeait la religion olympique, on peut passer aux choses sérieuses, c'est-à-dire au commerce ou, plus pudiquement, aux échanges entre pays riches. Le discours, bien sûr, restera épique, enflammé, truffé de trémolos virils et d'hymnes à la participation et à la fraternité, les caisses enregistreuses et le bénéfice politique n'en constitueront pas moins, déjà et à jamais, les vrais critères d'évaluation.

Paris, Saint-Louis, Londres sont successivement choisies comme sites des Jeux de 1900, de 1904 et de 1908. Dans chaque cas, les Jeux parasitent de leur mieux de grandes expositions internationales ou, dans le cas de Londres, franco-britanniques. Pragma-

tiques malgré leur propension au dithy-
rambe, les promoteurs de l'olympisme
savent, en effet, que les Jeux ne sont pas en
position de force et qu'ils doivent, au moins
pour un temps, se plier aux diktats des foires
sur lesquelles ils se collent comme un promoteur sur un ministre. Les Jeux en arrivent
ainsi à durer six mois, comme les expositions, ce qui amenuise et domestique, c'est le
moins qu'on puisse dire, le caractère drama-
tique des épreuves. En outre, les Jeux
doivent se contenter de l'espace laissé va-
cant par les foires, ce qui contribue à dis-
perser les épreuves olympiques aux quatre
coins des premières grandes mégalopoles du
XXe siècle. Problème supplémentaire, l'olympisme des premiers Jeux respecte si rarement l'égalité des sexes et se montre si peu
universel que le fossé entre le discours et la
réalité devient dangereusement visible. Aucun promoteur ne se culpabilise, mais chacun s'interroge sur la crédibilité du produit.

Il y a, en effet, de quoi s'interroger. Ainsi,
aucune femme n'a participé aux Jeux
d'Athènes en 1896, à peine six ont été ad-
mises à Paris en 1900, et aucune ne l'a été à
Saint-Louis en 1904[2]. Les participations
nationales fluctuent tout autant. Treize pays
sont représentés à Athènes, 20 à Paris,
11 seulement à Saint-Louis, 22 à Londres.
Aux Jeux d'Athènes participent 285 athlètes, 1 066 à ceux de Paris, 554 à ceux
de Saint-Louis et un impressionnant total

de 2 059 à ceux de Londres. Paris et Londres se comportent en valeurs sûres et Coubertin, comme d'habitude, en prend bonne note.

En plus de n'accueillir que fort peu d'athlètes et d'ignorer complètement les femmes, les Jeux de Saint-Louis, selon le *Petit guide des Jeux olympiques,* se caractérisent par leur scandaleuse « souplesse » en matière d'équité raciale. Pendant que les Blancs se disputent les « vraies » médailles olympiques, les Noirs luttent entre eux dans le cadre de rencontres dénommées *Anthropological Days.* Visiblement, le baron accorde plus d'importance aux mœurs qui enlaidissent encore le Missouri qu'aux grandioses principes olympiques. De toute manière, en dehors de la délégation américaine, on ne compte aux Jeux de Saint-Louis, en tout et pour tout, que 64 athlètes : 64 sur 554. On a déjà vu plus cosmopolite.

Survinrent ensuite les Jeux de 1912 qui permirent aux Scandinaves de démontrer, le temps d'une célébration olympique, à quel point est riche la relation privilégiée de leur culture avec l'activité sportive. On plafonna fermement le nombre d'épreuves au niveau atteint à Londres, on réduisit quelque peu le nombre de sports, on augmenta à un rythme qui n'avait pourtant rien de fringant la place accordée aux femmes et on fit passer de 22 à 28 le nombre de pays participants[3]. Surtout, on regroupa les épreuves de manière à les présenter toutes en moins d'un mois. On manifesta aussi un certain sens des valeurs en faisant disparaître des épreuves comme la boxe (elle reviendra aux Jeux suivants), les bateaux à vapeur et le polo à cheval au bénéfice, par exemple, de la gymnastique. Loin de partager les vues des responsables suédois, qui avaient obtenu la participation des femmes aux épreuves de natation, le cher baron fit, nous dit-on, une de ses plus candides déclarations : « Une Olympiade femelle ne serait pas pratique [elle serait] inintéressante, inesthétique et incorrecte[4]. »

Sitôt terminé l'intermède scandinave, l'olympisme à la Coubertin revint cependant à ses pires tendances dès les Jeux suivants. Anvers, qui s'est substituée à Berlin, accueille à peu près le même nombre de pays, d'athlètes et de femmes que Stockholm huit ans plus tôt, mais elle revient au nombre de sports atteint à Londres en 1908 et, surtout, elle fait exploser le nombre d'épreuves. On passe à 158 contre 107 à Stockholm. Malgré ce saupoudrage et cette dispersion, on frôle le fiasco total. En raison peut-être du coût élevé des billets, les estrades demeurent dégarnies.

En un quart de siècle, les lignes maîtresses de la gestion des Jeux se sont tout de même précisées. On s'efforcera désormais, au moins théoriquement, de limiter le nombre de sports, de disciplines et d'épreuves, on

visera à concentrer les Jeux en un lieu circonscrit et à respecter un calendrier serré, on
accueillera un nombre progressivement
croissant de pays, on se repliera s'il le faut
sur des villes comme Paris et Londres où le
lobby olympique réussit mieux la vente de
son produit.

Il reste à vider l'olympisme de ses dernières traces de transparence, à rendre les
Jeux disponibles en tant que véhicules politiques et idéologiques, à embrigader plus de
pays tout en transférant à une oligarchie
autoproclamée de plus larges tranches de
souverainetés nationales, à imposer toujours
plus massivement la préséance de l'économie et du trépignement idéologique sur l'activité physique.

Ce sera bientôt chose faite. Après tout,
nous ne sommes encore qu'en 1920 et les
Jeux ont encore trois quarts de siècle pour
peaufiner leur mystification en lui donnant
des dimensions planétaires. Patience !

4

Le sport ? Non.
Mon sport !

Présumer, en raison de la générosité du vocabulaire, que des Jeux dits olympiques ont pour mission sacrée de rendre hommage aux sports les plus répandus ou les plus accessibles à la surface de la planète, confine à la naïveté. Depuis leur origine jusqu'à nos jours, les Jeux ont choisi et choisissent toujours leurs sports en fonction de deux critères dont l'ordre d'importance semble d'ailleurs en train de s'inverser. On aimait bien, dans les premières décennies, les sports où les « bons » pays pouvaient plus aisément démontrer leur supériorité, mais on tenait aussi, préoccupation satellite, à loger à l'avant-scène les sports les plus susceptibles de plaire à la foule. Depuis lors, à mesure que s'effectue l'homogénéisation idéologique et que gonflent les auditoires de la télévision, le second critère prend le pas sur le premier. Cependant, rien n'oblige encore le CIO à jeter aux orties l'un des deux critères[1].

Le respect de ces deux normes requiert des décideurs olympiques de bonnes notions d'administration des affaires, de mise en marché, de diplomatie, d'intelligence politique, à peu près aucune d'éducation physique et surtout pas le moindre sens démocratique. Quiconque s'en étonnerait ferait bien de retourner à la case départ, car les premières caractéristiques de l'olympisme, on devrait l'avoir déjà compris, c'est l'écart entre discours et pratique et l'aptitude du mythe à réaffirmer sa virginité après les plus dégradantes promiscuités.

Quand les Grecs organisèrent leurs premiers Jeux, ils eurent le mérite de s'en tenir à quelques épreuves simples : des courses et des lancers. Très vite s'y ajouta la lutte. (Elle n'a d'ailleurs rien à voir avec la lutte Grand Prix.) Puis, à la 23e olympiade, la boxe. Quand ils définirent les règles du pentathlon (le vrai), épreuve particulièrement exigeante sur le plan de la polyvalence, les Grecs, qui concevaient l'éducation comme un développement harmonieux de tout l'être, surent encore s'en tenir aux épreuves fondamen-

tales : saut, lancer du disque, lancer du javelot, course et lutte.

Dormons quinze siècles et mesurons
l'évolution. Quand Coubertin réussit, par
l'un de ses divins caprices, à imposer à
« ses » Jeux sa conception du pentathlon dit
moderne, il jeta son dévolu sur un assem-
blage aussi hétéroclite que discriminatoire :
escrime, tir à la carabine, cross-country
équestre, cross-country pédestre et 300 mètres nage libre ! Tout cela, j'imagine, dans un
esprit d'ouverture démocratique favorisant
la participation de tous… Ce sont là, qu'on
s'en réjouisse, les ultimes frontières atteintes
par l'arbitraire coubertinien ; les Jeux modernes, pour leur plus grande (?) crédibilité,
ne se plièrent pas toujours aux caprices
du baron.

Bien que… En 1896, lors des premiers
Jeux de l'ère moderne, on trouva moyen de
loger parmi les premières épreuves inscrites
au tableau olympique cette bizarrerie qui
s'appelle le triple-saut. Quelque comte devait
sans doute pratiquer ce « saut-hésitation »
sur la noble pelouse d'une de ses propriétés.
La boxe s'ajouta en 1904. L'haltérophilie,
présente en 1896 et en 1904, s'installe à
demeure en 1920, mais le dressage des chevaux, sport que pratique évidemment
chaque matin l'Africain moyen, apparaissait
au programme dès 1900 et ne fit faux bond,
sans jeu de mots, qu'aux Jeux de 1904 et de
1908. L'aviron, le cyclisme et l'escrime,

quant à eux, faisaient d'emblée partie de la première cuvée de 1896, même si le coefficient de participation populaire variait visiblement d'un sport à l'autre. Démocratie, quand tu nous tiens !

On aura compris que le nombre d'individus et même de pays aptes à concourir dans plusieurs de ces sports et surtout dans plusieurs des épreuves était singulièrement (délibérément ?) restreint. Si, malgré cette précaution, comme ce fut le cas pour l'aviron, un afflux imprévisible de participants menaçait tout à coup d'ébranler certaines suprématies européennes ou américaines, les Jeux s'empressaient de multiplier les règles, les normes, les catégories, les subdivisions : skiff, deux sans barreur, deux avec barreur, double-sculls, quatre avec barreur, huit avec barreur... Un peu plus et l'on aurait exigé un examen de grammaire anglaise. Résultat net, l'aviron demeura pendant un quart de siècle le fief des Anglais et des Américains.

La place accordée au départ et toujours dévolue aux épreuves de tir ajoute à ces maquignonnages déjà peu élégants un éclairage morbide. D'une part, en effet, le tir appa-raît dès les Jeux d'Athènes en 1896 ; d'autre part, des deux catégories de tir, c'est la plus guerrière, celle qui fait appel aux armes de guerre, qui accapare graduellement le plus d'espace et s'adjuge même l'exclusivité. Une telle présence et une telle évolution dans le cadre des fêtes de la fraternité mondiale illustrent forcément, une fois de plus, l'écart entre le discours et les comportements.

Mais il y a autre chose. En 1896, il est patent que les nations pourvues d'un empire colonial et dont les soldats portent la civilisation (?) aux quatre coins du monde s'adonnent plus systématiquement que quiconque au maniement des armes. Français, Anglais, Belges, Allemands considèrent comme normal de se détendre en tirant sur toutes les cibles imaginables, depuis le pigeon d'argile jusqu'au « cerf courant », tout comme les anciens Grecs ne savaient plus trop, en s'exerçant au lancer du javelot, s'ils pratiquaient un sport ou s'ils gardaient la main pour la prochaine guerre. Alors qu'on pouvait espérer d'un humaniste à la Coubertin, auquel on doit des kilos de « pédagogie sportive », qu'il purge instinctivement ces rencontres fraternelles de la moindre pratique belliqueuse, on doit constater une déprimante évidence : déformé sans doute par les ambivalences olympiques, le cher baron avalisa les tirs guerriers et survécut aisément à cette contradiction.

Les armes firent donc partie des Jeux depuis le premier jour et elles occupent toujours une place importante dans leur programmation. Elles y entrèrent parce qu'elles convenaient aux mentalités impériales et parce que les médailles accumulées par les nations blanches, riches et dominantes témoignaient à la face du monde de la supériorité des armées métropolitaines. D'entrée de jeu, l'olympisme adopte quelques-unes de ses plus vilaines caractéristiques.

Au cours des ans, deux facteurs contribuèrent puissamment à accroître davantage la place des épreuves olympiques fondées sur les armes. D'une part, la militarisation de l'Europe et les deux guerres mondiales ; d'autre part, le développement du bloc socialiste et son constant recours au sport comme entraînement militaire. Toujours grandiloquent, mais plus souple que jamais, l'olympisme sut, pendant ces années belliqueuses, prêcher la paix d'un côté de la bouche et exalter, de l'autre côté de la même bouche, ceux dont les balles touchaient plus régulièrement la cible. Désireux de se rapprocher de ses commanditaires et de ses publics privilégiés, mais piégé par ses propres prétentions à l'universalisme, l'olympisme multiplia les courbettes devant les armées socialistes et les élites européennes sensibles au fracas des armes. Il veilla donc à réserver peu à peu ses médailles aux armes de guerre et à éliminer discrètement les épreuves consacrées aux armes de chasse et jugées sans doute trop « sportives ».

Pareille situation semble incongrue même aux yeux des plus fervents partisans des Jeux. Ainsi, About et Duplat écrivaient, dès 1972 :

La présence des armes de guerre dans le cadre des Jeux olympiques est assez anachronique et devrait être supprimée. Elles ne représentent d'ailleurs qu'un intérêt assez limité si l'on considère le degré de perfection qui a été atteint dans la conception et dans la réalisation de ces armes à feu. Leur perfection même égalise les chances et n'autorise que très peu de différence de niveau entre les adeptes de ce sport[2].

Même si elle est basée, comme on le voit, sur des motifs pour le moins discutables, cette critique n'en débouche pas moins sur la bonne conclusion : les armes de guerre n'ont pas leur place dans les célébrations de la fraternité et de la paix. Pourtant, ce qui était déjà anachronique il y a un quart de siècle résiste toujours à l'évolution sociale. Ne demandons pas à ce propos l'opinion de l'« olympienne » Myriam Bédard. Il se pourrait, même si elle ne semble pas s'en douter, que les enjeux fondamentaux lui échappent...

On aura tout de même compris que la décision d'inclure tel ou tel sport dans la liste olympique pouvait découler aussi bien du désir de complaire aux nations les plus influentes que des marottes des militaires ou des fils de l'aristocratie. Que l'armée jouisse d'un poids particulier ne doit pas surprendre, car son uniforme a longtemps

servi à maquiller un statut professionnel que les exploitants des Jeux préten-
daient rejeter (à une certaine époque). Payé
à plein temps comme militaire, le soldat ou
l'officier peut, en effet, sans provoquer le
scandale, se consacrer aussi ardemment
qu'un professionnel à la pratique du
hockey, du biathlon, de l'haltérophilie. Autrement dit, l'olympisme a toujours trouvé
dans sa connivence avec les milieux militaires de quoi masquer ses contradictions.
Pas de professionnels, mais des militaires ;
pas de professionnels, mais des performances inaccessibles aux amateurs. About
et Duplat, quant à eux, mettaient honnêtement le doigt sur cette hypocrisie systématique quand ils dénonçaient un certain
pentathlon :

> [...] il est très rare qu'un concurrent soit de
> calibre international dans l'une ou l'autre
> des spécialités qu'il [le pentathlon] repré-
> sente. Il s'agit le plus souvent d'officiers
> qui ont pris le temps de préparer ces spé-
> cialités et ayant plus de moyens à leur dis-
> position ou d'athlètes ayant touché à plu-
> sieurs sports sans réussir jamais à percer
> vraiment et qui voient dans le diversité des
> épreuves un débouché possible[3].

L'idéal hellène façon Coubertin n'a que
faire du sport en tant que tel, seuls l'intéressent les sports, les disciplines et les
épreuves utiles au prestige des petits copains

ou exigés par des blocs de pays préoccupés de mise en marché idéologique.

L'essor des médias et de la télévision en particulier allait, à son tour, influer puissamment sur la sélection des sports olympiques. Malheureusement, cette influence, loin d'inciter les gestionnaires de l'olympisme à un tri plus démocratique ou plus pédagogique, les éloigne encore davantage de l'activité physique bien comprise et achève de les précipiter dans la démesure et la manipulation politique et commerciale. Cette dérive est d'ailleurs suffisamment manifeste pour qu'un des membres les plus influents du CIO, l'Australien R. Kevan Gosper, la dénonce publiquement et jette ainsi « un pavé dans un océan de banalités » : « Comment le mouvement olympique peut-il garder la faveur des peuples du monde entier si nous limitons les Jeux olympiques aux meilleurs athlètes des nations favorisées et excluons les soi-disant pays en voie de développement[4] ? »

Les Jeux de Lillehammer, en dépit de leur santé fondamentale qui rappelait l'équilibre atteint par les autres olympiades scandinaves (Stockholm en 1912, Helsinki en 1952), ont donné eux-mêmes à cet égard de scandaleux exemples de dérapage. Le Canada a d'ailleurs alimenté de son mieux plusieurs de ces lubies dévastatrices. Qu'on songe simplement au ski acrobatique ou au patinage de vitesse sur courte piste. Dans

chacun de ces cas, sous la pression de grou-
puscules qui confondent allégrement sport
et spectacle et qui, en cas de doute, donnent
préséance au spectacle sur l'activité physique, on a présenté comme sport olympique, le Canada aidant, ce qui appartient
au domaine du cirque ou à celui du *roller-
derby*. Ne même plus s'apercevoir de la différence pourtant manifeste entre l'activité
sportive et la cascade d'un Evil Knievel ou
d'un Jean-Luc Brassard montre bien dans
quelles aberrations l'olympisme s'englue en
raison de sa trop étroite connivence avec le
monde du spectacle. Moins que jamais
l'olympisme parvient à choisir ses sports et
ses épreuves selon la philosophie qu'il
prétend sienne.

Tous les sports ne sont-ils pas égaux ?
Non. Ils ne devraient surtout pas se retrouver tous sur un même pied à l'étalon olympique. Rassembler l'humanité dans une
célébration de l'activité physique suppose,
en effet, que l'on mette l'accent, constamment, prévisiblement, farouchement, sur des
types d'activité physique facilement accessibles au plus grand nombre. Ériger en sport
olympique des acrobaties auxquelles ne se
livre (heureusement) qu'un petit clan de
casse-cou en instance de commandites, c'est
contredire ostensiblement les grandiloquents principes du cher baron. La contradiction est d'ailleurs tout aussi flagrante
quand, à l'inverse, on « oublie » de 1896

à 1964 que le judo est pratiqué dans le monde entier, que ses phalanges se recrutent dans toutes les strates sociales et qu'il est encadré par plus de 70 fédérations nationales. Ce n'est pourtant pas d'hier qu'on réclame l'élimination du tableau olympique des sports qui ne peuvent pas susciter la candidature d'un nombre important de pays. Ce n'est pas d'hier non plus que différents sports à participation universelle demandent à remplacer des épreuves élitistes et anachroniques. Pourtant, divers sports compris dans la liste des sports olympiques n'intéressent qu'une poignée de pays et, pire encore, seulement quelques clans d'entêtés. On peut même se demander s'il est conforme à l'esprit olympique de créer des Jeux d'hiver auxquels ne participeront le plus souvent que les pays où il y a un hiver.

Le nombre de pays intéressés par la pratique d'un sport n'est pas non plus un critère suffisant. Au début des Jeux, on aurait aisément satisfait à ce critère dans le cas de l'escrime, de la voile ou des sports équestres. Dans un fort pourcentage des (quelques) pays participants, une petite aristocratie pratiquait, en effet, ce type de sports. Mais, sitôt quitté le cercle étroit des clubs réservés aux militaires et aux fils de familles riches, ces sports n'existaient plus. Fallait-il, sous prétexte d'une pratique sportive constatée dans le tiers ou la moitié des 12 ou 15 pays participants, inscrire au tableau olympique les bateaux à moteur ou le polo à cheval ? Évidemment pas, même si on le fit et même si le Canada des temps modernes fait vigoureusement partie des nantis qui tiennent à ce que perdure cette triste ségrégation. La seule façon pour l'olympisme d'aligner ses décisions sur son discours généreusement démocratique, c'est de s'en tenir aux sports pratiqués dans un fort pourcentage de pays et à ceux qui, dans ces pays, font l'objet d'une forte participation populaire. Il y a quelque chose d'aberrant et d'indécent, même dans le cadre étriqué et ségrégationniste des Jeux d'hiver, à aduler du même culte la performance d'un champion de ski de fond et celle d'un toqué du ski acrobatique. On ne peut pas non plus, à moins de souffrir de nombrilisme aigu, mettre en parallèle la médaille décernée à celui qui a survécu à l'épreuve des bosses en ski et celles qu'obtiennent, en triomphant de la planète entière, les champions de natation ou de soccer. L'olympisme a besoin de tout son blindage de cynisme et de tartuferie pour oser et soutenir des comparaisons aussi déroutantes.

Bien sûr, on ne saurait s'attendre à ce que les acrobates qui profitent des dérapages de la machine olympique se retirent, d'eux-mêmes et modestement, du glorieux défilé olympique. On les a admis, on leur a tressé des couronnes et ils y ont pris goût. Quand, par conséquent, un rapport suggère au gou-

vernement canadien de ne plus subven-
tionner 19 des 63 sports présentement sou-
tenus par des fonds publics, les vedettes du
ski acrobatique, qui devrait évidemment
faire partie des disciplines ainsi sevrées de
fonds publics, montent aussitôt aux
barricades :

> Selon le médaillé d'argent [en ski acro-
> batique] de Lillehammer, la solution idéale
> serait, si le gouvernement doit couper, de
> sabrer un peu partout dans toutes les
> disciplines sportives qui sont actuellement
> subventionnées[5].

Très olympique, décidément, ce total
désintérêt par rapport à la participation
populaire. Ce qui scandalise, ce n'est
pourtant pas qu'un athlète ne rêve que de
son arbre, c'est que les porte-parole de
l'olympisme, eux, ne sachent pas voir la
forêt. Car telle est la situation : l'olympisme
ne s'intéresse qu'à certains sports. En plus, il
les choisit mal.

Quant à la fameuse règle 52 de la Charte
olympique, on aura compris qu'elle vise à
endormir les consciences que fatigue la
brutale clarté des faits.

1.1 Pour être inclus dans le programme
des Jeux olympiques, un sport olympique
doit être conforme aux critères suivants :

1.1.1 seuls les sports largement pratiqués
dans au moins soixante-quinze pays et sur

quatre continents par les hommes, et dans au moins quarante pays et sur trois continents par les femmes, peuvent être inscrits au programme des Jeux de l'Olympiade ;

1.1.2 seuls les sports largement pratiqués dans au moins vingt-cinq pays et sur trois continents peuvent être inscrits au programme des Jeux olympiques d'hiver […].

Ces critères, en effet, ne rassurent que si l'on oublie délibérément l'interprétation et l'application qu'en font les Fédérations internationales et le CIO. Oser prétendre que le bobsleigh, la luge, le saut en ski, le biathlon, les sports équestres… sont largement pratiqués quelque part sur la planète Terre, c'est se payer la tête des gens. Cela, le président Samaranch ne le soupçonne visiblement pas, lui qui souhaite « l'introduction du surf des neiges comme discipline de démonstration aux Jeux d'hiver de 1998, qui se dérouleront à Nagano, au Japon ». Il est essentiel, dit Samaranch, que « les Jeux disposent d'une nouvelle discipline ». Comme d'habitude, l'olympisme excelle dans le maniement des principes, dans l'appel aux valeurs les plus éthérées, mais, comme d'habitude, il se réserve jalousement, surtout quand il s'incarne dans la personne de l'impérial Juan Antonio Samaranch, le droit léonin de ne voir les compromissions et les entourloupettes que là où il lui plaît de les voir et de bénir celles qui lui plaisent.

Ajoutons une autre observation inquiétante : l'olympisme ne parvient même pas à « gérer » correctement les sports qui auraient encore leur place dans une programmation assainie. Le sort fait à la gymnastique dans le spectacle olympique le démontre avec une terrifiante efficacité. D'une part, en effet, « la gymnastique risque d'être trop casse-cou », disent les experts ; d'autre part, le mouvement olympique n'a visiblement pas compris qu'on ne démocratise pas un sport si l'on en change constamment les règles au gré du spectacle et de la mode.

> La gymnastique est guettée par les jeux du cirque, selon M. Koji Takizawa, ancien vice-président de la commission technique de la fédération internationale [...].
> Faisant remarquer que de nombreuses chutes se sont produites lors des exercices libres, Takizawa estime : « De nombreux gymnastes présentent des exercices trop difficiles par rapport à leurs capacités. Ils ne devraient pas montrer au public des éléments qu'ils ne maîtrisent pas et qui aboutissent à des chutes. » [...]
> Il craint alors que la gymnastique ne devienne un « show » ou pis, une activité comparable aux jeux du cirque[7] [...].

Tel est le premier danger dont se moque allégrement le mouvement olympique, lui qui a déjà fragmenté la gymnastique en cinq degrés de difficulté, de A à E, et qui flirte aujourd'hui avec la possibilité d'ajouter une catégorie F. Le second risque inquiète tout autant. C'est celui d'une invraisemblable instabilité dans les règles applicables à la gymnastique, règles qui déterminent la formation et l'entraînement des athlètes et qui guident les éducateurs et les éducatrices.

> Les championnats du monde ont commencé lundi à Sabae par des exercices imposés qui ne s'imposaient pas.
>
> Le Comité international olympique (CIO), pressé il est vrai par la nécessité d'élaguer dans un programme pléthorique, a fini par admettre leur inutilité. Il n'y aura donc plus d'imposés, dès l'année prochaine, à partir des Jeux d'Atlanta.
>
> Pourquoi donc ont-ils été maintenus à Sabae, pour la dernière fois, dans des championnats du monde ? Leur maintien a ajouté à la confusion, à l'intérieur d'un sport qui ne sait plus trop bien à quelle formule se vouer. En l'espace de quatre ans, six compétitions mondiales, dont les Jeux olympiques, auront été organisées selon cinq formules différentes[8].

Tous, visiblement, ne se font pas la même idée de la cohérence. Dans la réjouissante famille olympique, en tout cas, on ne voit aucune contradiction à « élaguer un programme pléthorique » tout en tordant le bras aux Japonais pour qu'ils intègrent aux Jeux de Nagano le surf des neiges.

5

Argent ?
Quel argent ?

Q uand Coubertin fait ses adieux à
l'olympisme à l'occasion des Jeux de
Paris (encore !) de 1924, la confusion quant
à la définition exacte de l'athlète amateur
constitue une nébuleuse d'une aussi belle
densité qu'au moment où le même baron
suait sur sa circulaire du 15 janvier 1884. Le
pauvre (?) avait alors à peine réussi à établir
une table des matières.

I. Définition de l'amateur. Bases de cette
définition. Possibilité et utilité d'une définition internationale.

II. Suspension, disqualification et requalifi-
cation. Des faits qui les motivent et des
moyens de les vérifier.

III. Est-il possible de maintenir une distinction entre les différents sports au point de vue amateurisme, spécialement pour les courses de chevaux (gentlemen) et le tir aux pigeons ? Peut-on être professionnel dans un sport et amateur dans un autre ?

IV. De la valeur des objets d'art donnés en prix. Est-il nécessaire de limiter cette valeur[1] ?

Et ainsi de suite jusqu'à concurrence de huit questions déchirantes, de huit drames cornéliens. Le problème, c'est que le bon baron, de 1884 à 1924, c'est-à-dire en quarante ans d'exigeantes méditations, n'avait toujours pas répondu à la première de ses propres interrogations. Au lieu de l'admettre, Coubertin, comme cela arrive souvent aux puissants de ce monde, préféra répéter avec un entêtement un peu grinçant, comme le démontrent les entrevues accordées à la fin de sa vie, que tout le verbiage autour de l'amateurisme découlait d'un immense malentendu et d'une persistante malveillance des critiques. Lui avait toujours été d'une irréprochable clarté, les autres d'une insondable bêtise. Un peu plus et Coubertin fondait la confrérie qui compte aujourd'hui des milliers de victimes, le Club des Mal-Cités. On lui avait fait, prétendait-il, un mauvais procès à propos de l'amateurisme, alors qu'il n'avait jamais au grand jamais

exigé des athlètes olympiques un dénue-
ment franciscain.

Ah! quelle vieille et stupide histoire que
celle de l'amateurisme olympique et
comme on m'a reproché souvent – et toujours à tort – la prétendue hypocrisie du
serment olympique. Mais lisez-le ce fameux serment dont je suis le père heureux
et fier. Où voyez-vous qu'il exige des
athlètes descendus sur le stade olympique
un amateurisme que je suis le premier à
reconnaître comme impossible ? Je ne
demande par ce serment qu'une chose : la
loyauté sportive. Or, la loyauté sportive
n'est pas l'apanage des seuls amateurs[2].

De fait, le baron a techniquement raison :
le serment olympique ne parlait pas alors et
ne parle pas encore d'amateurisme. Les
diverses formulations utilisées au cours des
ans ont cependant toujours été si équi-
voques et elles accordent aux gestionnaires
oints de l'esprit olympique une telle marge
de manœuvre et d'interprétation qu'on
peut, à volonté, exiger ensuite de l'athlète
olympique qu'il se peinture en vert, se
convertisse à l'animisme ou renonce à tout
revenu publicitaire. Qu'on en juge à partir
des deux serments suivants :

Nous jurons que nous nous présentons
aux Jeux olympiques en concurrents
loyaux, respectueux des règlements qui les
régissent et désireux d'y participer dans un

esprit chevaleresque pour l'honneur de nos pays et la gloire du sport. (texte utilisé lors des Jeux de Montréal en 1976. *Cf. Petit Guide des Jeux olympiques.*)

Au nom de tous les concurrents, je promets que nous prendrons part à ces Jeux olympiques en respectant et suivant les règles qui les régissent, dans un esprit de sportivité, pour la gloire du sport et l'honneur de nos équipes (*Charte olympique,* état le 4 septembre 1994, texte d'application pour la règle 69, par. 1.12, p. 115-116.)

Il faudrait, en tout cas, une méfiance linguistiquement agile pour s'opposer à « l'esprit de sportivité » désormais réclamé des athlètes…

En somme, pourrait conclure Coubertin, tout est clair pour ceux qui veulent comprendre. Le serment exige seulement le respect des règlements, mais les règlements, eux, peuvent imposer n'importe quoi selon les caprices du CIO. Question de rendre les choses plus vagues (ou plus claires) encore, Coubertin déclarera que « l'amateurisme n'est pas un règlement, mais un état d'esprit » ! Cela permettra à l'olympisme d'exiger l'amateurisme sans l'exiger tout en l'exigeant. Et de maintenir là, comme dans tout le reste, un fossé à géométrie variable entre le discours et la pratique. Donc, amateurisme parfois, mais pas toujours. Donc, amateurisme obligatoire dans le cas de certaines clientèles, mais « souple compréhension » à l'égard de professionnels issus d'un autre contexte. Arbitraire, hypocrisie, philosophie en constante et imprévisible métamorphose, on a le choix des mots. Coubertin demande la foi en sa bible, mais il la rédige sur des feuilles volantes. Et même ces textes toujours mouvants, il se réserve ou confie à ses descendants du CIO le pouvoir de les interpréter.

Le cas de Jim Thorpe fixe probablement la limite extrême de la sévérité. L'athlète américain remporte en 1912, à Stockholm, deux des titres les plus prestigieux, et cela au nez de ceux dont la confrérie olympique prévoyait et favorisait peut-être la victoire : le décathlon et le pentathlon. À peine l'athlète a-t-il eu le temps de recevoir les félicitations du président américain qu'on apprend que Thorpe, qui semble décidément capable de connaître la gloire dans tous les sports imaginables, a touché la fabuleuse somme de 360 $, US il est vrai, en jouant au baseball pendant les saisons de 1909 et de 1910. Scandale. Déchéance. Expulsion. Radiation à perpétuité. Rien ne freine la colère olympique à l'égard d'un athlète dont le crime apparent est de n'avoir pas eu en quantité suffisante l'esprit chevaleresque requis par le serment olympique, mais dont la culpabilité réelle fut, peut-être, d'avoir appartenu, trois quarts de siècle avant que la chose puisse être à la mode, à l'humble confrérie des athlètes autochtones. Dans de tels cas, l'amateurisme avait et pourrait sans doute avoir encore des frontières précises et rapprochées. Thorpe, mort en 1953, a reçu en 1983 sa réhabilitation posthume, ce qui a dû faire le plus grand bien à ses os. On admettra qu'un « état d'esprit » capable de prononcer l'ostracisme contre un athlète pendant 71 ans n'a pas besoin d'émerger de façon précise dans le serment olympique. Quel surcroît de pouvoir le CIO tirerait-il de précisions supplémentaires ?

Les années passent et, conformément à la tradition olympique, l'équivoque persiste. On expulse les professionnels du tennis en 1927, mais on laisse la patineuse norvégienne Sonja Henie, malgré ses accointances avouées et rentables avec le spectacle professionnel, ajouter les titres olympiques de 1932 et de 1936 à sa brassée de titres mondiaux. Quiconque visite aujourd'hui Oslo peut admirer, à proximité d'un McDo local, le superbe parc offert à la capitale norvégienne par la célèbre patineuse. Dans son cas, l'amateurisme, en plus de la bien nourrir, a fixé une autre limite, celle de la souple acceptation d'un certain réel.

Le plus drôle (?), cependant, reste à venir. Quand pointent les années 1950, deux tendances prennent de la vigueur. L'une, qui entend l'amateurisme dans un sens pur, éthéré, intransigeant, s'incarne en la personne d'Avery Brundage, l'un des plus durables et, en tout cas, l'un des plus puissants pontifes qu'ait enfantés l'olympisme ; l'autre, qui affirme sans rire que les athlètes d'État sont des amateurs et qui jette dans la balance le poids de tous les pays socialistes [3]. L'affrontement entre ces deux logiques apparemment irréconciliables, *mais qui s'harmoniseront tout de même,* dure d'autant plus longtemps que Brundage a commencé la mise en marché de ses idées les plus abruptes avant même d'être officiellement pontife suprême. Il ne cessera d'ailleurs de les faire valoir qu'en 1972, au moment de son départ. Comme message d'adieu résumant son règne, il refusera alors au champion de ski Karl Schranz la participation et la gloire olympiques. Motif ? Professionnalisme.

Malgré cette décision pour le moins radicale, l'olympisme a appris, au cours des vingt années du règne de Brundage, qu'il y avait peut-être, ô surprise, une convergence subtile, mais éminemment rentable, par-delà l'affrontement apparemment interminable entre les « amateurs d'État » des pays socialistes et les « boursiers du sport » des pays capitalistes.

Ouvrons une parenthèse. Le public québécois et canadien n'apprécia guère la période Brundage. Ce public s'était habitué, en effet, à ce qu'une équipe de hockey aussi puissante (?), par exemple, que les Smoke-Eaters de Trail lessive toute opposition d'un championnat du monde à l'autre, et il n'accepta pas aisément, quoi que puissent décider les gourous de l'olympisme, que des hockeyeurs communistes monopolisent les médailles d'or et les championnats mondiaux couronnant le roi de ce domaine. On se plaignit, bien sûr, d'une concurrence déloyale. On souligna que les meilleurs hockeyeurs canadiens, professionnels et stipendiés dès le berceau, n'avaient pas le droit de prendre part aux Jeux olympiques, mais que les hockeyeurs soviétiques, auxquels l'Armée rouge permettait de s'adonner à plein temps à la pratique de leur sport, participaient, eux, aux mêmes Jeux. En somme, l'injustice était criante, car nos joueurs amateurs, et souvent les plus médiocres d'entre eux, devaient affronter les professionnels communistes. Se faire battre par de très vilains athlètes athées fut particulièrement inquiétant lorsque les équipes canadiennes, participant aux Jeux olympiques sous la houlette du révérend père Bauer, n'obtinrent malgré tout que des résultats moyens ! Les chroniqueurs sportifs canadiens consacrèrent à cette grave injustice plus de pages que toutes les universités du monde n'en consacrèrent jamais à l'identité d'Homère ou de Shakespeare. « M. Brundage ne se rend-il pas compte que cela est humiliant pour le Canada, pays où, *tout le monde le sait,* se pratique le meilleur hockey du monde ? » La protestation était d'autant plus vive que le Canada, qui avait obtenu des médailles d'or à Saint-Louis en 1904 et à Londres en 1908 pour son autre « sport national », la crosse, n'avait pu empêcher les bonzes de l'olympisme d'éliminer ce sport d'équipe du tableau olympique. Qu'allait-il donc rester au Canada ? Fermons la parenthèse.

Brundage, pendant ce temps, travaillait dans le durable. Brutal, intransigeant, presque aussi impérial qu'un Samaranch, il donna souvent l'impression, bien que capitaliste et occidental jusqu'à la moelle et bien qu'anticommuniste au point de se faire le McCarthy du sport, de favoriser le bloc socialiste. On hésite, pour expliquer ce paradoxe, entre deux hypothèses. La première, la plus simple, veut que Brundage n'ait jamais envisagé que son farouche anticommunisme puisse profiter à ceux qu'il détestait cordialement. La deuxième, plus tordue, ce serait qu'il ait imaginé et peut-être même souhaité, plus ou moins obscurément, étendre la guerre froide au domaine sportif. N'oublions pas que la guerre de Corée s'enflamme en 1950 et que Brundage prend les commandes du CIO en 1952[4]. On peut penser, en tout cas, en l'absence de confidences de sa part, que Brundage tenait, malgré son anticommunisme viscéral, à intégrer durablement les pays socialistes dans l'organisation olympique, ne serait-ce que pour permettre aux pays capitalistes d'écraser leurs adversaires idéologiques dans les stades autant que sur les champs de bataille. Dans cette perspective, peut-être était-il prêt à leur faire, pendant un certain temps du moins, d'importantes concessions.

Ces concessions de Brundage étaient d'ailleurs nécessaires. Les Russes, présents à Stockholm en 1912, n'avaient pas renoué avec l'olympisme au moment où les Jeux reprenaient leur cours à Anvers en 1920. Ils n'y revinrent qu'en 1952, une fois assurés, après trente-cinq années de socialisme, qu'ils étaient de taille à affronter l'Amérique et l'Europe et à démontrer ainsi la supériorité de leur idéologie. De fait, les succès obtenus aux Jeux d'Helsinki (1952) donnèrent à Moscou et à ses satellites socialistes le goût d'intensifier leurs efforts pour ajouter le triomphe olympique à leurs arguments idéologiques. Quatre fois, au cours des six Jeux qui suivirent Helsinki, les Russes obtinrent plus de médailles que les Américains[5].

Le comportement paradoxal de Brundage confortait pourtant les intérêts de tout le monde. D'un côté, en effet, l'olympisme gagnait en crédibilité s'il présentait à la planète entière un combat rangé entre le capitalisme et le socialisme ; de l'autre, le capitalisme et le socialisme étaient aussi intéressés l'un que l'autre à utiliser les victoires olympiques comme un véhicule publicitaire et idéologique à nul autre pareil. En ouvrant largement les portes de l'olympisme aux athlètes-soldats et aux athlètes-fonctionnaires des pays socialistes, Brundage donnait plus d'ampleur à la représentativité et à la crédibilité de l'olympisme. Comme il savait, par ailleurs, que jamais les pays capitalistes ne se résigneraient à jouer les seconds violons derrière Moscou et ses satellites, il n'éprouva jamais le moindre scrupule à distinguer savamment le vrai amateurisme du faux, ni à donner un coup de pouce à l'olympisme étatique. Les faits lui donnèrent d'ailleurs raison, si l'on entend par là que l'olympisme, en se montrant « compréhensif » face à l'embrigadement socialiste, put présenter à l'univers de multiples et rentables affrontements de type Rambo pendant toute la guerre froide. En somme, les Soviétiques revenaient aux Jeux au moment même où l'Amérique se portait militairement à la défense (?) de la Corée du Sud. Comme quoi, pour parodier Churchill ou Talleyrand, l'olympisme pourrait être la façon de poursuivre la guerre par d'autres moyens…

Paradoxalement, ses marottes et sa gestion à longue portée permirent à Brundage de contourner sans le résoudre le premier drame cornélien de Coubertin. Alors que ce dernier tentait, en bon cartésien français, de définir l'athlète amateur, Brundage fut assez pragmatique pour ne pas voir ni dénoncer le professionnalisme pourtant évident des athlètes issus de la culture socialiste. Autant il était prompt à dénoncer et à sanctionner la moindre apparence de professionnalisme du côté ouest du rideau de fer, autant il avait l'absolution facile pour les « amateurs d'État ». Sans doute connaissait-il la propension des machines socialistes à la guerre idéologique. Chose certaine, il les amena à considérer l'olympisme comme un bel instrument de propagande. Une fois ces machines fermement conscrites dans l'effort olympique, rien n'allait plus les arrêter. Certes, la propagande socialiste bénéficia des médailles olympiques remportées en quantité industrielle par les athlètes du bloc moscovite ; la contrepartie est cependant tout aussi nette : l'olympisme en profita pour s'octroyer l'auréole d'un rassemblement vraiment mondial. Quand les analystes dénoncent avec virulence l'immobilisme des deux décennies signées Brundage, ils négligent souvent cette autre retombée peut-être non voulue *explicitement* par Brundage, mais certainement provoquée par lui : il attira à l'olympisme ceux qu'il détestait, peut-être dans l'espoir de les utiliser comme faire-valoir du capitalisme, *et il les utilisa pour faire enfin accéder l'olympisme à l'universalité.* Il se trouva ainsi, de propos très probablement délibéré, étendre la zone d'influence de l'olympisme jusqu'aux limites de la planète.

Quand Killanin (Irlande), sixième pontife

olympique, succédera à Brundage en 1972, il pourra, sans provoquer la bouderie des pays socialistes, laisser participer aussi les professionnels de l'autre camp. À la fin du cycle, l'olympisme pourra présenter l'affrontement des plus puissants athlètes du monde entier sans qu'il soit possible de crier à l'injustice. Plus personne, en tout cas, ne tente aujourd'hui d'établir une distinction claire ou durable entre l'athlète amateur et le professionnel. Tout au plus demande-t-on à certaines catégories d'athlètes, aux patineurs et aux patineuses artistiques par exemple, de dire quelque temps avant les prochains Jeux s'ils veulent reprendre leur statut d'amateur...

Le déblocage survenu sous Killanin et banalisé sous Samaranch, septième et actuel pontife olympique, aura modifié à la fois la lecture du passé et les perspectives désormais ouvertes à l'olympisme. On s'aperçut en effet, dès l'instant où Killanin commença à traiter les péchés du professionnalisme comme s'il était un confesseur complètement sourd, que les athlètes que le capitalisme vantait comme les héros de l'amateurisme pur et dur avaient depuis longtemps installé leur pseudo-pauvreté dans un lit de plumes. Ainsi, en 1972, l'année même où Brundage exclua Karl Schranz des pistes olympiques, une autre vedette du ski, Jean-Claude Killy, osa donner à haute voix une description cynique de l'amateurisme :

Pourquoi s'en cacher, nous sommes tous professionnels. C'est normal. Grâce à nous, des industriels gagnent beaucoup d'argent[6].

Neuf ans plus tard, selon les mêmes auteurs, Killy sera plus explicite encore. Il osera dire, alors que règne Killanin, comment les choses se passaient à l'époque où Brundage pourfendait le professionnalisme.

J'étais probablement en délicatesse avec le règlement olympique car je recevais un manque à gagner qui correspondait à un salaire de cadre ; il était payé par les entreprises qui m'équipaient et pour lesquelles je développais des équipements nouveaux[7].

D'abord pudiquement, puis avec une candeur que soutient l'impunité dont il jouit désormais, Killy met le doigt sur une double réalité. D'une part, l'amateurisme des athlètes olympiques a été plus souvent un mythe qu'une pratique sacrée ; d'autre part, il aurait fallu de la part des pontes du CIO un assez invraisemblable aveuglement pour ne pas le savoir. Autrement dit, l'amateurisme dont se gargarisait l'olympisme aura été à la fois une hypocrisie savamment et laborieusement entretenue et une façon d'éliminer du tableau olympique soit des sports, soit des individus dont l'olympisme ne voulait pas ou dont il ne voulait pas encore à ce moment particulier de sa rentable évolution.

Ainsi, à l'époque où naissaient les Jeux modernes, le mythe de l'amateurisme permettait de réserver la participation et la gloire olympiques aux nations riches et à leurs fils les plus favorisés. Qui, en effet, pouvait bien consacrer tout son temps et suffisamment d'argent personnel au dressage des chevaux ou à la pratique du skull ? Les riches oisifs des aristocraties européennes. Ceux qui avaient le temps et les moyens de tremper quotidiennement un noble aviron dans une eau aristocratique pour faire triompher les couleurs d'Oxford ou de Cambridge. L'amateurisme, tel que le définissait cette époque, faisait de l'olympisme le fief d'une caste. Quand, pour devenir un phénomène sportif universel et crédible, l'olympisme dut ouvrir ses portes à une participation élargie, l'amateurisme signifia autre chose. On considéra comme des amateurs les athlètes auxquels le régime socialiste permettait de s'entraîner à plein temps, mais aussi les athlètes du monde capitaliste qui avaient la politesse de ne pas afficher ouvertement leur professionnalisme.

L'olympisme, heureusement pour lui, possédait l'ample réserve de cynisme et d'habileté politico-économique que réclamait la nouvelle donne. Il possédait, par exemple, surtout depuis les années de la guerre froide, un accès privilégié aux publics socialistes.

Cela intéressait forcément la télévision et ses associés. L'intérêt mutuel sautait aux yeux : « Je te donne des millions dont tu fais ce que tu veux et tu me donnes accès à tous les auditoires auxquels tu as su vendre le mythe olympique. » On connaît la suite. Les Jeux de Tokyo (1964) reçurent à peu près 1,5 M $ de la télévision, ceux de Mexico (1968) presque 10 M $, ceux de Munich 12 M $, ceux de Montréal (1976) environ 35 M $. Ceux de Moscou (1980) et ceux de Los Angeles (1984), en dépit des boycotts symétriques dont ils firent l'objet, reçurent respectivement près de 90 M $ et plus de 280 M $. Avec Sarajevo (1984), les Jeux d'hiver eux-mêmes franchirent le cap des 100 M $ en revenus provenant de la télévision. Le moins qu'on puisse dire, c'est que la télévision avait respecté sa partie du contrat.

L'olympisme aussi. Depuis le choix des sports jusqu'à l'assouplissement des règles en passant par l'horaire et le calendrier des Jeux, tout subit désormais la loi du spectacle télévisuel. Puisque le basket-ball profession-nel américain fait fureur sur les écrans de la télévision, le CIO n'eut d'autre choix que de laisser le *Dream Team* américain déferler à son gré sur les Jeux de Barcelone[8]. Pour les millionnaires de l'équipe américaine, on sus-pendit les règles presque monacales du village olympique. Eux pouvaient garder la limousine et l'hôtel cinq étoiles. Eux pouvaient même ne pas utiliser les chaussures et les vêtements du commanditaire « exclusif » des Jeux. Passe-droit ? Mais non ! Simple déférence à l'égard de participants plus égaux que les autres. On vit d'ailleurs se manifester la même souplesse à Calgary : le calendrier des Jeux d'hiver, jusque-là limité à douze jours, passa à seize, de manière à offrir à la télévision trois fins de semaine de spectacle au lieu de deux.

L'olympisme d'aujourd'hui aurait-il donc trahi le rêve de Coubertin ? Non. Il a tout simplement appliqué avec souplesse son cynisme classique à une autre époque et à un autre contexte. Coubertin édicta des règles que pouvait agréer l'aristocratie et qui favorisaient les pays industrialisés de son temps. Brundage imposa une définition de l'amateurisme qui laissait une ample liberté de mouvement aux athlètes d'État et aux professionnels discrets des pays capitalistes. Les princes de l'olympisme moderne, Killanin comme Samaranch, conclurent avec la télévision un pacte à la fois lucratif et asservissant. D'une décennie à l'autre, l'olympisme demeura sélectif, retors, profiteur. À aucun moment, il n'oublie les principes de ses débuts.

6

Plus monarchique que la monarchie

Si l'olympisme conserve, aujourd'hui encore, les caractéristiques de sa naissance, il le doit en bonne partie à la stabilité de sa direction. D'une part, en cent ans d'histoire, le CIO n'a guère connu que sept présidents[1]. D'autre part, il décide lui-même, sans rendre de compte à qui que ce soit, qui peut figurer dans ses rangs. En ce sens, l'olympisme est plus monarchique que la monarchie, car il garde le pouvoir à l'intérieur de la famille tout en décidant, ce que ne parvient pas toujours à faire une famille royale, qui peut faire partie de la famille. Pourtant, le pouvoir du CIO est tel que les villes qui désirent présenter les Jeux se soumettent, ainsi que les pays qui doivent soutenir aveuglément leur candidature, aux moindres caprices de ce dernier. Difficile de trouver meilleure incarnation du pouvoir arbitraire ou pire exemple de servilité.

Une lecture même cursive des chartes olympiques confirme solidement cette impression. Dans la version de 1984, la règle 11 se lit comme suit : le CIO « se recrute lui-même par l'élection de personnalités qu'il juge qualifiées ». Les mêmes propos se retrouvent dans la règle 20 de la version élaborée en 1994 ; là non plus, rien qui puisse donner l'impression que le CIO soit emporté par une expansion incontrôlable du sens démocratique...

Règle 20 . – Membres

1. Recrutement

1.1 Le CIO choisit et élit ses membres parmi les personnalités qu'il juge qualifiées, à condition qu'elles soient ressortissantes d'un pays dans lequel elles ont leur domicile ou leur centre principal d'intérêts et dans lequel existe un CNO reconnu par le CIO. Ces personnalités doivent, en outre, parler au moins l'une des langues en usage lors des Sessions du CIO.

Le CIO moderne confirme ainsi que rien n'a changé depuis les origines et que Coubertin pourrait ressusciter demain matin et répéter son arrogante affirmation de 1894 : « J'ai toute liberté pour la constitution du CIO. » Le bon baron avait d'ailleurs révélé dès la composition de son premier comité ce qu'il entendait par personnalités qualifiées : un duc, deux comtes, un lord et trois généraux[2]. Cent ans plus tard, non seulement le CIO comprend toujours, parmi ses quelque 92 ou 94 membres, car rien ne l'oblige à fournir un chiffre précis, un pourcentage étonnant de titres princiers et de grands noms de la finance ou de la politique, mais la cooptation constitue plus farouchement que jamais son seul mode de renouvellement[3]. Autrement dit, ceux qui font partie du CIO sont les seuls à choisir ceux qui en feront partie. Il n'en faut pas davantage pour que la persévérance apparaisse comme la vertu déterminante. On comprend dès lors la force d'un Samaranch : entré au CIO en 1966, il ne perd visiblement pas le sommeil quand vient le temps du renouvellement statutaire de son mandat de président. Il participe depuis longtemps à la sélection de ceux qui doivent, éventuellement, renouveler son mandat. De fait, on se permettra tout au plus des vœux de bon anniversaire s'il décide, malgré les stipulations de la même règle 20, de demeurer président du CIO jusqu'à l'âge de 107 ans. Samaranch, en effet, lui qui est entré au CIO en 1966, et non pas avant 1966, et qui a eu 75 ans en juin 1995, règne toujours et ne voit pas pourquoi il se retirerait !

Cette règle se lit ainsi :

3. – Sortie

3.2 Tout membre du CIO doit se retirer à la fin de l'année civile au cours de laquelle il atteint l'âge de 75 ans, sauf s'il a été élu avant l'année 1966. Si un membre atteint cette limite d'âge au cours de son mandat de Président, vice-président ou membre de la Commission exécutive du CIO, le retrait prendra effet à la fin de la Session du CIO au cours de laquelle ce mandat arrive à terme.

Le CIO ne se préoccupe d'ailleurs pas de la stabilité ou de la caducité des régimes politiques. Comme Richard Desjardins, il pourrait dire : « Quand j'aime une fois, c'est pour toujours... » C'est ainsi que les personnes autrefois choisies par le CIO au sein des régimes socialistes font toujours partie du club.

Avec l'arrivée inopinée de la démocratie dans leur pays, beaucoup de ces dignitaires ont été éjectés des postes de pouvoir qu'ils occupaient dans l'administration sportive – mais ils restent membres du CIO à vie, et continuent à ce titre de voyager dans le monde entier, bien qu'ils ne représentent plus que leur propre personne[4].

Ceux qui, au Canada, crachent le feu en

voyant le pouvoir qu'exercent des sénateurs non élus trouveront dans les prétentions et les comportements du CIO et dans la servilité des gouvernements devant ce dernier de quoi renouveler leur potentiel d'éruption. Non seulement le CIO choisit lui-même ses membres et les considère comme représentatifs alors même qu'ils n'ont plus le moindre poids dans leur pays ou dans le monde du sport, mais encore les villes et les gouvernements qui sollicitent le « privilège » de présenter les Jeux se conforment avec une docilité navrante à tous les caprices de cette oligarchie autoproclamée. À elle seule, la fameuse Charte olympique fournit de nombreux exemples de l'arrogance du CIO et de l'étonnant à-plat-ventrisme des villes et des pays qui traitent avec lui.

Ainsi, le CIO prétend toujours que les Jeux sont accordés à une ville, ce qui est manifestement faux. Ainsi, les pays endosseurs traitent toujours cette fiction comme une vérité d'Évangile.

Selon l'Article 33 de la Charte olympique, c'est une ville, et non un pays, qui est choisie par le CIO pour le déroulement des Jeux d'hiver. On aura cependant compris que la nature et l'ampleur des tâches qui incombent de nos jours à un Comité d'organisation (COJO) exigent un effort vraiment national qui prenne solide appui sur les structures sportives, sociales, économiques et politiques existantes dans l'ensemble du pays hôte.

En pratique, le CIO confie l'organisation des Jeux olympiques d'Hiver à une ville à condition que la candidature de cette dernière soit approuvée par le Comité National Olympique (CNO) du pays concerné et qu'elle satisfasse par surcroît à toutes les conditions imposées par les Statuts, Règles et Textes d'application du CIO. Toute candidature doit être assurée du concours des autorités gouvernementales du pays intéressé, afin de réaliser une collaboration totale[5].

Qu'on soit là en présence d'une fiction, c'est l'évidence même : les villes qui prétendent accueillir les Jeux ont absolument besoin de l'appui de leur gouvernement national[6]. Non seulement les gouvernements avalisent cette hypocrisie, qui permet au CIO d'aller répétant qu'il ne fait pas de politique, mais les mêmes gouvernements dégustent par la même occasion une autre couleuvre de format boa :

Dès qu'il est constitué et qu'il a personnalité morale officielle, le COJO (Comité organisateur des Jeux olympiques) correspond et transige directement avec le CIO, les CNO (comités nationaux olympiques) et les FI (Fédérations internationales), mais ne peut exercer ses pouvoirs que pour représenter le CIO lui-même. Le COJO agit donc par délégation dans les limites qui lui sont fixées par la Charte olympique et ne peut en aucun temps se substituer au CIO. La règle 4 de la Charte stipule par surcroît que ce sont le CNO et la ville choisie qui deviennent solidairement et individuellement responsables de tous les engagements contractés et doivent assumer l'entière responsabilité financière de l'organisation et du déroulement des Jeux, à l'exclusion de toute responsabilité du CIO[7].

En somme, les gouvernements ne peuvent pas dire qu'ils organisent les Jeux olympiques, car la Charte ne le permet pas. Les gouvernements ne peuvent strictement rien conclure sans l'aval du CIO, car la Charte ne le permet pas. Par contre, les mêmes gouvernements portent l'entière responsabilité des décisions olympiques que la Charte olympique leur a pourtant interdit de prendre sans en référer au CIO ! Si ce dernier organisait un congrès international des cocus contents, on peut conclure que bien des gouvernements s'y inscriraient…

À ces pouvoirs léonins du CIO s'ajoutent d'autres raffinements. Les Fédérations internationales, dont quelques-unes constituent de véritables empires, décident, en effet, sans contestation possible, de l'acceptabilité des équipements sportifs mis à leur disposition par les villes candidates. Si la piste de bobsleigh de telle candidate ne convient pas à la Fédération internationale de bobsleigh, les chances de cette ville diminuent; si la Fédération internationale de ski rouspète, ces chances tombent à zéro. Le CIO, quant à lui, attend, du haut de son olympe, sans pourtant être obligé de s'y conformer, le verdict des différentes Fédérations internationales. Cela permet une fois de plus au CIO de laisser à d'autres l'odieux de certains rejets désagréables ; tout comme cela permet aux Fédérations internationales d'imposer leurs caprices, dépenses comprises, aux villes candidates et aux pays endosseurs.

Le CIO, même s'il se montre plus déférent à l'égard de certaines Fédérations internationales particulièrement puissantes (et surtout à l'égard de certains regroupements de Fédérations), conserve la haute main sur la liste des sports présentés aux Jeux.

> À l'issue de chaque édition des Jeux olympiques, c'est le CIO qui procède lui-même à la révision du programme sportif. Le travail porte sur les deux éditions précédentes. À noter que les règles olympiques prévoient qu'un sport ou une discipline ne peuvent être admis au programme moins de six ans avant les prochains Jeux. Quant aux épreuves, l'exigence minimale est de quatre ans[8].

Les villes et les pays qui consentent d'aussi humiliantes pertes de souveraineté et de contrôle financier ont-ils au moins le plaisir de décider quoi que ce soit ? C'est à voir !

> On entend ici (par épreuves préolympiques) toutes les compétitions organisées avant les Jeux olympiques sous le contrôle du COJO et en utilisant les installations destinées à servir pendant les Jeux. Au sens de la Charte Olympique, les épreuves préolympiques sont propriété exclusive du CIO, au même titre que les Jeux d'Hiver proprement dits. Ce sont les épreuves de qualification pour les finales olympiques, organisées par les FIs dont le sport figure au programme olympique, qui constituent le plus généralement les épreuves préolympiques.
>
> L'une des conséquences évidentes de l'existence des épreuves préolympiques est la nécessité, pour le COJO, d'avoir complété l'essentiel de ses équipements sportifs au moins un an avant la date des Jeux[9].

En somme, les villes et les pays qui aspirent à l'honneur de présenter les Jeux olympiques n'ont rien à dire sur le programme ni sur l'équipement ; ils n'ont aucun aucun droit sur les épreuves préolympiques ni sur les Jeux eux-mêmes, mais ils assument d'avance la responsabilité des déficits qui peuvent se produire. Pour qu'une oligarchie qui coopte sans vergogne, sans rendre de compte à qui que ce soit, daigne jeter un regard sur une candidature, il faut que les élus de tous les ordres de gouvernement renoncent, eux, avec une invraisemblable servilité, au mandat qu'ils ont reçu de l'électorat.

Quand les gouvernants se conduisent de cette manière, on peut excuser les athlètes qui consentent, eux aussi, par leur serment olympique, à se plier à tous les diktats du CIO.

Coubertin, au fond, avait raison : pourquoi ergoter au sujet de l'amateurisme ? L'important, c'est que tous, depuis les villes hôtes jusqu'aux athlètes olympiques en passant par les pays qui appuient les Jeux, s'en remettent aveuglément aux décisions du CIO. Le sport olympique, dont Coubertin n'a cessé de vanter les mérites pédagogiques, se révèle ainsi être, sur le plan individuel comme sur le plan politique et collectif, une école de démission, d'irresponsabilité, d'obéissance aveugle aux caprices d'un prince coopté.

Coubertin serait du moins content de constater que ses fils spirituels ont allégrement valsé autour du problème de la commandite au lieu de s'échiner à le régler. Ils ont tout simplement, farceurs comme jamais, rédigé une règle contraignante à l'extrême, tout en se réservant, hypocrites comme toujours, d'innombrables échappatoires. Savourons.

Règle 61. – Propagande et publicité

1. Aucune démonstration ou propagande politique, religieuse ou raciale n'est autorisée dans les enceintes olympiques. Aucune forme de publicité ne sera autorisée dans et au-dessus des stades ou autres lieux de compétition, qui sont considérés comme faisant partie des sites olympiques. Les installations commerciales et les panneaux publicitaires ne sont admis ni dans les stades ni sur les autres terrains de sport.
2. La Commission exécutive du CIO est seule compétente pour déterminer les principes et les conditions en vertu desquels une forme de publicité peut être autorisée.

L'énorme marge entre ces deux alinéas illustre bien l'extrême élasticité de la morale olympique : la publicité est un péché, à moins que la bénédiction du CIO n'en fasse une vertu. Il y a cependant mieux encore dans le « texte d'application de la règle 61 » où le CIO explique, en bonne église corrompue qu'il est, comment il entend faire le trafic des indulgences. Qu'on surveille l'épithète « ostensible » et son dérivé « ostensiblement ». Tout est là.

1. Aucune forme de publicité ou de propagande commerciale ou autre ne peut apparaître [...] à l'exception de l'identification [...] à condition que cette identification ne soit pas marquée de façon ostensible à des fins publicitaires.

1.1 L'identification du fabricant ne devra pas apparaître plus d'une fois par article d'habillement ou d'équipement.

1.2 Équipement : toute identification du fabricant supérieure à 10 % de la surface totale de l'équipement exposé pendant la compétition sera considérée comme étant marquée ostensiblement [...].

1.3 Accessoires pour la tête [...] toute identification du fabricant dépassant 6 cm^2 sera considérée comme étant marquée ostensiblement.

La casuistique olympique s'intéressera, avec le même invérifiable arbitraire et la même minutie hypocrite, à l'habillement, aux chaussures, etc. Ces précisions apparaîtront cependant dans les « textes d'application » et non pas dans les règles. L'olympisme, même s'il est à vendre, ne dira jamais dans ses règles à quel prix il vend ses services. Ceux qui le lui demanderont poliment auront tout de même droit à beaucoup de considération.

Coubertin avait donc raison : pourquoi ergoter sur l'amateurisme quand on peut débiter et vendre l'esprit olympique au centimètre carré ?

7

Les maquignons dans l'école

Depuis l'époque de ce cher Coubertin, le credo olympique jouit d'un préjugé favorable auprès des éducateurs. Ceux-ci le croient capable, en effet, de respecter, plus que toute autre organisation ou philosophie sportive, les valeurs auxquelles toute éducation attache du prix : loyauté, émulation pondérée, persévérance, participation, équilibre, etc. Ils se félicitent donc de la présence de l'olympisme à leurs côtés, comme si le moindre contact avec l'olympisme rendait le sport capable de construire des humains moralement meilleurs.

Si c'était vrai, ce serait, de fait, une

merveille ! Malheureusement, ce préjugé favorable ne se justifie aucunement. Il révèle même chez les éducateurs qui y baignent et l'entretiennent une singulière et inquiétante inaptitude à la lucidité et à la remise en question. Ceux-là croient naïvement ce que claironne l'olympisme et lui servent de caution aveugle, au lieu de se conduire en éveilleurs du sens critique et de comprendre enfin que l'olympisme navigue depuis toujours au large de sa propre doctrine.

L'olympisme, en effet, mobilise et conscrit au lieu de respecter et de former. Il livre constamment autre chose que ce qu'il promet et demeure toujours en deçà de ce qu'il s'engageait à être. Il vante la participation, mais ne dorlote que les champions. Il préconise l'équilibre corporel, mais récompense surtout les excès. Sa théorie louange l'équilibre et la modération, sa pratique fixe des standards si élevés qu'il faut risquer sa santé pour les effleurer. L'olympisme répand et impose des modèles de témérité et d'imprudence qui contredisent et stérilisent avec une déplorable efficacité ce que propose tout système d'éducation conscient de son mandat. Il réussit même, surtout quand il relève, comme c'est le cas au Canada, de politiciens influençables et bornés, à drainer les ressources publiques vers un vedettariat débilitant plutôt que vers la souhaitable participation massive à l'activité physique. Cela, sous le nez des responsables de l'éducation et même avec l'assentiment d'un trop grand nombre de professeurs d'éducation physique.

Encore là, la gymnastique peut servir d'illustration. Il aura fallu d'innombrables excès pour que la Fédération internationale de gymnastique en vienne enfin à interdire la compétition aux bébés gymnastes.

> La FIG (Fédération internationale de gymnastique), qui avait déjà porté l'âge minimal pour les compétitions féminines de 14 à 15 ans, l'a augmenté d'un an devant la multiplicité des gymnastes « de poche » qui, si elles ont donné à la gymnastique un côté de plus en plus spectaculaire, lui ont fait perdre peu à peu le côté artistique de la lointaine époque des championnes-femmes[1].

En contrepartie, comme il a déjà été noté, la gymnastique a consenti, à temps pour les Jeux d'Atlanta, à renoncer aux exercices imposés. Le motif n'a rien d'ambigu : la même dépêche signale que « la première tentative de rompre avec les exercices d'école avait échoué par une voix lors du congrès de Barcelone en 1992. Les tenants de la tradition l'avaient emporté sur ceux du spectacle ».

Pourtant, malgré les continuels empiètements du spectacle sur l'activité proprement sportive, les écoles continuent à croire aux vertus éducatives de l'olympisme et lui ouvrent toujours aussi largement leurs portes.

On le constate en lisant le message glorieusement transmis à la planète entière par Québec 2002 par les bons soins d'Internet :

« 30 écoles s'associent à Québec 2002 pour promouvoir la candidature de la ville de Québec »

Québec, le 9 février 1995 – Le maire de Québec, M. Jean-Paul L'Allier, le président de la Société des Jeux d'hiver de Québec 2002, Me René Paquet, et l'écrivain et éducateur, Paul Ohl, ont dévoilé aujourd'hui les grandes lignes du programme d'animation en milieu scolaire parrainé par Québec 2002 auprès des écoles de la région. [...]

Trois importants partenaires de la Société des Jeux d'hiver se sont associés à ce projet en fournissant des prix sous forme d'équipements photographiques d'une valeur de plus de 2 000 $ pour Kodak, sous forme d'ordinateurs et de bourses d'études pour une valeur de 12 000 $ de la part d'IBM ainsi que des bourses d'études et invitations spéciales d'une valeur de plus de 12 500 $ de Hydro-Québec.

Le maire de Québec s'est déclaré particulièrement heureux de l'implication des jeunes dans le projet olympique. « Le Mouvement olympique propose un idéal fondé sur le courage, le dépassement, la tolérance et l'ouverture sur le monde. Il souhaite que la ville qui accueille les Jeux contribue à la promotion de cet idéal et à cet égard, je suis convaincu que nos jeunes seront nos meilleurs ambassadeurs. »

L'hypocrisie olympique se déploie ici avec d'autant moins de scrupules que vient à sa rencontre l'insondable naïveté d'un trop grand nombre d'éducateurs.

Sous peine de ne rien comprendre au sport, il faut, au départ, dépasser d'urgence le simplisme navrant de la vieille devise latine : *Mens sana in corpore sano.* Ce n'est pas demain la veille.

Ce corps sain que le sport prétend construire et mettre au service de l'esprit comme on offrirait une meilleure monture à un cavalier ambitieux, il n'existe tout simplement pas isolément. Ce n'est pas vrai, n'en déplaise aux manichéens et peut-être aussi à l'olympisme, que le seul rôle dévolu au corps soit de servir docilement les facultés supérieures. L'esprit ne caracole pas sur un corps plus ou moins puissant, pas plus que le corps ne met l'esprit sur la touche quand vient le temps de s'adonner à l'activité proprement physique. Cela, l'olympisme devrait le savoir. L'olympisme, plus que tout autre courant culturel, devrait savoir qu'un corps qui s'épanouit, s'exprime et repousse ses limites modifie l'être humain entier. Pour le meilleur et pour le pire. Une habileté accrue dans les sports de combat modifie en profondeur, pour le meilleur et pour le pire, la personne qui l'a acquise. La descente en ski, par son côté vitesse pure si valorisé par l'olympisme et si redouté par les moniteurs intelligents et par la Régie de la sécurité dans les sports, change, pour le meilleur et pour le pire, le psychisme en même temps que la musculature et les réflexes. Des qualités et des défauts se développent dans la personne tout entière quand l'activité physique prend son essor, qualités et défauts qui ne peuvent naître et cheminer autrement. On n'a donc pas *un esprit sain dans un corps sain* ; on aurait plutôt, s'il faut absolument préserver quelque chose de l'antique formule, un esprit sain *grâce à* un corps sain. Avec le risque d'être une personne moins estimable si la pratique sportive s'est inspirée des mauvais motifs. L'athlète qui se démolit par désir de vaincre à tout prix n'est pas diminué sur le seul plan physique ; il est aussi en deuil de sa confiance et de sa fierté[2].

Ce qui fait la dignité de l'activité physique définit en même temps sa responsabilité. Entre les mains d'un éducateur, l'activité physique grandit ceux et celles qui la pratiquent ; entre les mains d'un maquignon, l'activité physique devient un spectacle, une exploitation, un esclavage dégradant, un risque constant de dérapage. Du coup, on mesure l'ampleur des questions qu'il faut lancer à l'olympisme et auxquelles on doit l'obliger à répondre avant de lui ouvrir les portes du monde de l'éducation. C'est cela qui manque ; c'est le risque que fait courir aux jeunes l'attitude beaucoup trop confiante de nombreux éducateurs face aux mirages olympiques.

L'olympisme tient, en effet, à propos du corps, du sport et de l'activité physique, un discours exaltant qui lui vaut de pouvoir présenter son message aux jeunes dans des conditions de crédibilité maximales. Quiconque peut s'adresser aux enfants scolarisés profite de la réceptivité particulière qu'assure l'environnement scolaire. Si l'olympisme tenait parole, on devrait bénir son insertion dans la formation des jeunes. Quand, en revanche, ce discours masque la réalité olympique, quand la pratique olympique, loin de contribuer à l'épanouissement de qualités humaines particulièrement respectables, infiltre subrepticement l'outrance, l'élitisme, l'exhibitionnisme, le vedettariat malsain jusqu'au cœur de l'institution scolaire, l'école, d'urgence, doit défenestrer l'olympisme et se fermer hermétiquement à cette dangereuse mascarade. Or, le moins qu'on puisse dire, c'est que la contribution de l'olympisme à la formation des jeunes est de qualité douteuse. Rien ne l'autorise donc à pénétrer dans l'école.

Quelques-uns planent encore sur l'idéal olympique ! Et si on causait deux mots de Moscou, Mexico, Sarajevo, Séoul, etc. ? Y a des leçons qui se perdent. Quant au baron de Coubertin, il est étonnant que nos politiciens « démocrates » évoquent encore une œuvre qui pue le racisme, le sexisme et la discrimination de classe, se réclament d'écrits qu'ils n'ont jamais lus et prennent pour modèle celui qui félicitait Hitler d'avoir enfin concrétisé le véritable esprit olympique en 1936.

À y regarder de plus près, l'idéal olympique n'est rien de plus qu'un discours angélique et un rituel magnifié pour légitimer un appareil de contrôle politico-économique, le Comité international olympique, dont les membres se reproduisent entre eux en accordant leurs faveurs à ceux qui savent les courtiser[3].

Ces propos, tenus par un éducateur de profession, suffisent amplement à semer le doute et même à déclencher la colère. Il n'est pas vrai, en effet, que l'olympisme entretienne le moindre intérêt pour la participation des masses à l'activité sportive. Ce qui l'intéresse, c'est l'athlète d'élite, l'homme ou la femme capable de menacer le record ou de présenter à tout le moins un spectacle de haut vol. De la plèbe, l'olympisme n'attend rien d'autre que des phalanges innombrables d'où il extraira les êtres d'exception nécessaires à ses spectacles. La seule participation à laquelle tienne l'olympisme, c'est donc celle qui augmente la probabilité que surgisse du rang un nouveau champion. La participation n'est pas pour lui un objectif ou une valeur, mais un moyen ou un simple préalable. Si, mettant de côté tout programme de participation populaire, une société consacre ses ressources à localiser dès le berceau ses futurs champions et à les entraîner, l'olympisme lui décernera ses plus grands éloges. Jamais il ne demandera à cette société où en est la participation de masse. Si l'olympisme consent encore, avec une sincérité décroissante d'ailleurs, à prononcer d'occasionnels discours sur la participation, c'est donc à défaut d'une détection suffisamment précoce des talents exceptionnels. Rien de plus. L'olympisme, si l'on oublie ses coups de glotte, n'a que faire des perdants, des *also-ran* ; il n'a d'attention que pour les médaillés.

Il n'est pas vrai non plus, rappelons-le, que l'olympisme veuille, par souci d'équité ou par esprit démocratique, encourager les sports les plus accessibles à l'ensemble de l'humanité. Ce qui intéresse l'olympisme, ce n'est pas qu'un sport soit pratiqué par les masses, c'est qu'il puisse constituer un spectacle rentable.

Cessons de confondre sport d'élite et pratique populaire. Les JO sont un mégaspectacle qui stimule la culture du spectacle sportif, c'est-à-dire un élargissement de la clientèle de consommateurs[4].

Pactiser avec l'olympisme, c'est donc, pour un éducateur, démolir de la main gauche ce que la droite édifie. C'est multiplier les consommateurs de spectacles sportifs au lieu de former les citoyennes et les citoyens. C'est acculer à la passivité des jeunes que l'école a pour mission de conduire à l'autonomie. C'est renforcer l'ascendant des résultats exceptionnels dans la psychologie des jeunes au lieu de valoriser les efforts normaux et éthiquement défendables. Pour se permettre une aussi bizarre cohabitation avec l'olympisme, il faut, en somme, que les éducateurs ignorent que l'olympisme est, en fait, un courtier de spectacles sportifs semblable à tous les autres, mais qui dépasse les autres en taille et en hypocrisie. Pareille complicité ne s'explique que si éducateurs et établissements de formation, qui ont raison d'aimer l'activité physique et surtout de promouvoir l'éducation physique, croient toujours, malgré cent ans de preuves du contraire, à la pureté évangélique de l'olympisme.

Il y a tout de même, me dira-t-on, un fait indéniable que j'escamote joyeusement. Lequel ? « L'effet d'entraînement qu'ont les vedettes sur l'indispensable pratique de l'activité physique ! » Ne nous affolons pas pour si peu : l'argument, aussi prévisible que le premier vendredi du mois, ne règle rien. D'une part, parce que l'effet d'attraction n'a pas toujours, loin de là, la force qu'on lui attribue ; d'autre part, parce que plusieurs des modèles effectivement proposés aux jeunes par l'olympisme n'ont rien de particulièrement réjouissant.

Une fois de plus, utilisons l'illustration. En mars 1994, au moment même où sévissait la polémique au sujet de la montagne gonflable que les promoteurs de Québec 2002 proposaient pour la descente olympique, un congrès de spécialistes de l'orthopédie se tenait tout près des lieux du crime, au Mont-Sainte-Anne. Ces spécialistes y soulevaient des questions courageuses et pertinentes au sujet des modèles olympiques. « L'esprit de compétition, déclarait alors le docteur Louis Morazain, relègue de plus en plus souvent la santé en seconde place. » Aussi explicite que possible, le docteur Morazain évoquait la frénésie olympique et son influence sur les jeunes sportifs. « Après l'excitation des Jeux olympiques de Lillehammer et face à toute la médiatisation qui entoure les Jeux de 2002, certains jeunes seront peut-être tentés de pousser leur machine trop loin ou d'oublier les règles de prudence élémentaires afin de mieux se surpasser. »

On ne saurait parler plus net. Certains prétendront pourtant que tout cela relève du libre choix de chacun. À chaque individu de se modérer, de décider s'il pousse sa machine trop loin ou si la gloire ou l'argent l'intéresse suffisamment pour risquer sa santé. Seuls souscriront à un sophisme aussi grossier ceux qui se donnent le droit d'entrer dans les écoles au nom de valeurs morales et d'un idéal de participation et qui nient ensuite toute responsabilité sociale.

On aura compris que le fameux effet d'entraînement enclenché par les performances des athlètes d'élite demande à être examiné de façon critique. Dans certains cas, le magnétisme joue, mais de façon désastreuse sur l'individu et dévastatrice sur la collectivité. On vient d'en voir un exemple. Dans d'autres cas, et je pense ici à des épreuves comme le plongeon du tremplin de dix mètres, on voit mal comment la nature même de l'exploit serait à la portée du commun des mortels. Combien d'êtres humains, en effet, jeunes ou adultes, consentiront à se lancer dans le vide d'une telle hauteur ? Comme parents, accepteriez-vous que pareille épreuve, au vrai sens du terme, fasse partie de l'activité physique imposée à des classes, y compris donc à vos enfants ? J'en doute. Heureusement que subsistent un certain nombre de sports qui, comme le ski de fond, le judo, le soccer, peuvent séduire le plus grand nombre. Le problème, c'est que l'olympisme, de toute évidence, ne voit pas la différence entre le sport universellement accessible et l'acrobatie réservée à une élite de surdoués ou de casse-cou. Parier sur l'effet d'entraînement sans même savoir ce qui, de fait, sera proposé comme modèle, c'est signer un chèque en blanc. Ce que l'olympisme ne mérite pas. Ce que l'école ne devrait donc pas faire.

Une fois encore, illustrons.

Il y a deux ans, Frédéric St-Pierre n'avait jamais plongé sérieusement. En fin de semaine, l'athlète du Rouge et Or prend part à ses premiers championnats canadiens. « Je ne pensais jamais que tout irait si vite », a expliqué St-Pierre.

Casse-cou de naissance, Frédéric a pratiqué plusieurs sports comme le ski alpin, où il était même moniteur, le ski nautique, où il compétitionnait, et le judo avant de se lancer dans le plongeon.

« J'ai toujours eu un certain goût du risque. À la limite, j'aime pratiquer des sports qui sont dangereux. J'ai accroché au plongeon après avoir vu à la télé les championnats du monde de cette spécialité. J'ai alors commencé à plonger pour le plaisir. C'est après avoir suivi toutes les compétitions de plongeon des Jeux de Barcelone que j'ai décidé de pratiquer ce sport plus sérieusement.

« J'ai déjà pensé faire du ski acrobatique, mais je trouvais ce sport un peu trop dangereux à mon goût. De plus, c'était une activité très dispendieuse[5]. »

L'olympisme, lui, propose aux jeunes, indifféremment, le beau, le casse-cou, le dispendieux, le dangereux, le formateur, l'inaccessible. Au nom d'un idéal pédagogique? Allons donc !

J'ai donc connu un moment d'espoir quand la nouvelle a paru, fin mai 1994, que «dix-neuf disciplines sportives pourraient perdre leur appui financier du gouvernement fédéral (canadien)» faute d'intéresser un minimum de 3 000 participants[6]. Parmi les sports ainsi menacés, on comptait, cela allait de soi à mes yeux et répondait à des vœux déjà trop souvent déçus, le biathlon, le ski acrobatique, la luge, le bobsleigh, le saut à ski... « Enfin ! » me disais-je. J'avais compté sans la mollesse et l'habituel manque de jugement du ministre canadien du Patrimoine, ministre malheureusement chargé du dossier des subventions à Sport-Canada. Ce cher ministre, en effet, a veillé à ce qu'un rapport raisonnablement intelligent ne soit pas mis en application.

Rappelons les faits. À l'heure actuelle, 72 organismes nationaux représentant 63 sports différents se partagent une manne fédérale annuelle de l'ordre de 67 M $. Il faudrait une bonne dose d'imagination ou une totale absence de sens critique pour considérer ce saupoudrage comme une politique d'encouragement sélectif aux sports les plus souhaitables. D'où, de la part de

Sport-Canada, le déclenchement d'une étude aussi indispensable que tardive et dont on pouvait attendre – naïfs comme nous le sommes ! – une échelle de valeurs, des principes directeurs, une philosophie dont pourraient s'enorgueillir les contribuables canadiens. Quand un pays en arrive à remettre en question ses programmes de santé, s'assurer qu'il n'y a pas de gaspillage dans le financement du sport d'élite relève de la justice élémentaire. Donc, enquête défendable, mais à surveiller.

Arrive le rapport demandé. On y recommande, entre autres mesures, de supprimer en trois ans tout appui financier gouvernemental à dix-neuf disciplines sportives. Une dizaine d'autres sports conserveraient le niveau actuel de financement. Les autres, plus d'une trentaine, auraient droit, à titre de « sports majeurs », à un financement augmenté des sommes épargnées grâce aux suppressions. Par conséquent, ni augmentation ni compression du budget global, ce qui, dans le contexte actuel, prend déjà l'allure d'un biais en faveur du sport d'élite.

Ainsi résumé à grands traits, le rapport, on l'admettra, ne propose rien de révolutionnaire : on réduit l'éparpillement, on concentre les efforts sur une gamme encore très étendue de disciplines, on donne une période de transition à ceux et à celles qui ont investi du temps, de l'argent ou des études dans un sport voué à un financement public moindre. Pas si mal. Ce qui ajoute à la crédibilité du rapport, c'est le recours à un critère fort défendable pour garder certains sports et en rejeter d'autres. Lequel ? D'abord et avant tout, le critère de la participation. Si un sport ne suscite pas au moins 3 000 adhésions, rien ne justifie l'octroi de fonds publics.

Mais alors, où est le problème ? Expliquons-le en deux temps. Il y a d'abord le fait que le biathlon et le ski acrobatique, qui font partie des disciplines dont les fédérations sont squelettiques, n'acceptent pas d'être traités comme les sports des autres fédérations squelettiques. Pas question pour eux d'être traités comme le bobsleigh, comme la luge, comme le saut à ski. Le biathlon et le ski acrobatique, qui ne sont pratiqués que par une poignée d'individus, brandissent leurs récentes médailles olympiques pour obtenir un traitement de faveur. L'autre fait, c'est que le ministre Dupuy accepte ce plaidoyer et accorde au biathlon et au ski acrobatique un financement que ces disciplines ne méritent pas.

Sur quoi se base M. Dupuy ? Nul ne le sait. On sait seulement que le ministre a été « sensibilisé » aux mérites du biathlon et du ski acrobatique par les médaillés eux-mêmes. *Dixit* Myriam Bédard : « Pour l'instant ce rapport (de Sport-Canada) ne m'inquiète pas trop, parce que lorsque le premier ministre m'a invitée à Ottawa il y a quelques semaines, j'ai eu l'occasion de parler de ce rapport avec le ministre Dupuy lors d'un dîner. Il m'a dit qu'une fois que le rapport serait déposé, il entendait consulter certains athlètes de haut niveau pour connaître leur avis[7]... » Même son de cloche de la part de Philippe La Roche : « Myriam et moi avions parlé personnellement au ministre Dupuy à Ottawa. » Et La Roche d'ajouter, pour que tous comprennent bien son échelle de valeurs : « Chose certaine, la Feuille d'érable qui est sur nos uniformes sera pas mal plus petite si le gouvernement cesse de nous appuyer financièrement. Ce sont les commanditaires qui prendront toute la place. »

Du coup, la situation devient claire : le ministre Dupuy, bien loin d'assainir l'attribution des subventions dans le monde du sport, prend ses décisions à partir du seul point de vue de certains athlètes d'élite.

M. Dupuy, par la même occasion, frappe de stérilité un rapport que les contribuables ont payé et qui, lui, mettait de l'avant certains critères rationnels. Le ministre a d'ailleurs choisi, comme bénéficiaires de sa décision arbitraire, deux activités sportives qu'aucun éducateur ne peut proposer comme modèles à la jeunesse.

M. Dupuy, bien sûr, a le droit d'ignorer un rapport et d'exiger d'autres sons de cloche. On comprendrait donc qu'il lise un autre rapport, celui qu'a signé le juge

Charles Dubin au lendemain de l'affaire Ben Johnson. Il pourrait alors apprendre, car il ne le sait manifestement pas, que le financement fédéral en matière de sport doit *favoriser la participation de masse aux activités sportives, sans mettre l'accent seulement sur le sport d'élite* (recommandation 1). Si cela ne suffisait pas, M. Dupuy pourrait, au besoin en se faisant aider, se rendre jusqu'à la cinquième recommandation. Elle exprime le vœu que « le succès des subventions fédérales ne soit pas mesuré en fonction du nombre de médailles obtenues, mais bien du degré de réalisation des buts sociaux, éducatifs et nationaux du gouvernement en matière de sport ». Quand Coubertin vantait « la participation », on ose espérer qu'il ne parlait pas de participer… aux bons cocktails. C'est pourtant ce que le ministre Dupuy, responsable canadien de l'olympisme, a compris.

Élitisme borné, jeux de coulisses, manipulation de la démocratie, détournement de fonds publics loin de leur destination première, sélection de sports impossibles à intégrer à un effort d'éducation… Il est beau, le bilan éducatif de l'olympisme !

Concluons en retournant à ce que l'éducation a de plus respectable :

En tant que professeur d'éducation physique, je souhaite qu'on en finisse au plus tôt avec la fausse représentation olympique. En tant que prof d'éducation physique, je ne veux pas être associé, au nom du sport, à une opération de détournement de ressources collectives, qu'elles soient canadiennes ou québécoises, en 2002.

En tant que prof d'éducation physique, je souhaite que tous les profs d'éducation physique et leur fédération professionnelle dénoncent cette mascarade sportive. Il est encore temps de revendiquer des ressources d'éducation physique, de loisirs et de sports pour toute la population, de tous les âges et de tous les milieux[8].

8

Ben Johnson
fils spirituel
de Samaranch ?

Mark Twain, paraît-il, demandait cyniquement : « Un homme vole une
banque. Qui faut-il condamner : celui qui a
volé la banque ou celui qui a créé la
banque ? » En passant de la banque au
sport olympique, on pourrait aboutir à une
question analogue : « Un athlète se drogue
pour obtenir le million rattaché à une
médaille olympique. Qui faut-il condamner : celui qui a promis le million ou celui
qui tente de l'obtenir ? »

Oublions Mark Twain, mais creusons la

question du dopage. Creusons-la avec d'autant plus d'ardeur que le président du CIO, Juan Antonio Samaranch, banquier de son état, a lui-même promis un million de dollars à tout athlète espagnol qui mériterait une médaille d'or aux Jeux de Barcelone. Tout cela, j'imagine, parce que la simple participation a bien meilleur goût.

M. Samaranch rejettera sans doute l'allusion d'un impérial revers de la main. « Comment ose-t-on, dira-t-il, créer un lien entre le dopage et la légitime récompense de l'athlète olympique ? Celui qui se drogue ne mérite pas le beau nom d'athlète olympique, mais le vainqueur olympique mérite, lui, les retombées heureuses de sa victoire. » Commettons tout de même le crime de lèse-Samaranch et osons demander ceci : « Quand la victoire olympique apporte à un être humain gloire et richesse, l'olympisme n'a-t-il pas au moins le devoir strict de vérifier la légitimité de la victoire ? » Demandons-nous également si l'olympisme n'a pas sa part de responsabilité quand il glisse d'un idéal de participation à une cynique et mercantile promesse d'enrichissement. Ce qui se passe avec le dopage des athlètes montre, en premier lieu, que le mouvement olympique n'a jamais investi suffisamment pour éliminer le fléau – on promet un équipement de 850 000 $ pour Atlanta ! – et, en deuxième lieu, que sa propre divinisation des gagnants multiplie les risques de comportements malhonnêtes de la part des concurrents. Une troisième observation est, hélas ! légitime : dans le cas de Samaranch lui-même, strictement rien n'a jusqu'à présent démontré qu'il soit prêt à un effort minimal pour purger enfin l'olympisme de sa triste dépendance de la drogue.

Dissipons d'ailleurs un premier malentendu. Non, les cas de dopage ne sont ni des accidents de parcours ni de rarissimes exceptions. Non, ils ne sont pas le fait de quelques athlètes agissant secrètement. Il y a déjà une douzaine d'années, le président Samaranch lui-même s'inclinait devant l'évidence : « Nous pensons que c'est l'un des problèmes principaux du sport. [...] Mais je répète qu'il n'est pas facile de lutter contre le dopage parce que chaque jour de nouvelles drogues apparaissent sur le marché et parce qu'un laboratoire de tests pour les concurrents coûte vraiment très cher[1]. » Une telle déclaration, de la part d'un mouvement qui trouve normal de faire construire, par les autres il est vrai, au coût de dizaines de millions, une piste de luge ou de bobsleigh qu'on démolira après quinze jours de Jeux, fait évidemment rigoler ou pleurer, au choix. Comprenons, en tout cas, que le mouvement olympique en sait long sur l'ampleur du problème, mais ne se fendra en quatre ni pour affiner son diagnostic ni pour vraiment bannir le fléau. Le CIO confie d'ailleurs à l'un de ses membres les plus titrés, le prince Alexandre de Mérode (11e rang, Belgique, 1964), le soin de veiller au bon fonctionnement des laboratoires de dépistage. Peut-on penser que l'auguste personnage veillera à ce que les tests de dépistage en fassent juste assez pour assurer une crédibilité minimale aux résultats olympiques sans fracasser le prestige du CIO ?

En un sens, les propos du président Samaranch semblent pourtant corroborés par l'avant-propos du rapport Dubin. Celui-ci admet que le rythme auquel s'effectuent les corrections de trajectoire peut être, de fait, d'une lenteur désespérante.

> Les stéroïdes anabolisants, qui peuvent être pris sous la forme d'injections ou de comprimés, comptent parmi les plus populaires des substances interdites utilisées par les athlètes pour améliorer leur performance. C'est en 1954, semble-t-il, que l'on s'est rendu compte que certains athlètes participant à des compétitions internationales prenaient des stéroïdes anabolisants. Le seul moyen pratique de détecter le recours à ces substances par les athlètes est à l'analyse d'un échantillon d'urine. Ce n'est toutefois que vers le milieu des années 1970 que les laboratoires agréés pour effectuer des tests de dépistage ont trouvé le moyen d'analyser avec efficacité les échantillons d'urine afin

d'y déceler la présence de ce type de drogues. Et, même à cela, les tests étaient alors effectuées (*sic*) pour la plupart sur des échantillons prélevés le jour même de la compétition. Or, cette pratique, comme nous le verrons dans le présent rapport, est inefficace pour dépister l'usage des stéroïdes anabolisants[2].

Le CIO n'est pourtant pas si vite tiré d'affaire, car la lenteur observée dans l'évolution scientifique entre 1954 et 1970 ne semble plus tout à fait la règle en 1983. Quand le président Samaranch se résigne à admettre l'ampleur du problème et à se donner comme alibi les coûts et les faiblesses du dépistage, il a devant lui, probant et spectaculaire, l'important scandale survenu aux Jeux panaméricains de 1983 et que l'on vient d'évoquer. À Caracas, en effet, le Venezuela a fait le nécessaire et démontré à la face du monde qu'un dépistage assez fiable pour inquiéter et chasser les délinquants était d'ores et déjà possible. Caillat et Brohm parlent, eux aussi, d'une quinzaine de champions convaincus de dopage et confirment ainsi le bilan dressé par le juge Dubin[3].

En somme, le moment que choisit Samaranch pour affirmer qu'il est à peu près impossible de contrer un fléau dont il se dit conscient, c'est celui où une organisation sportive dont les ressources n'ont rien d'olympique fait la preuve que *si on veut, on peut*. Concluons-en sans hésiter que le mouvement olympique « préférerait » que ses Jeux se déroulent sans dopage, mais qu'il n'est pas disposé à se doter des techniques efficaces.

Il n'y a d'ailleurs aucune commune mesure entre l'aveu réticent du président Samaranch quant à l'existence d'un problème et les affirmations brutales et précises du rapport Dubin. Citons quelques passages (les italiques sont de moi).

– La Commission a fait enquête sur le recours aux drogues et pratiques prohibées par les athlètes canadiens qui relèvent des fédérations sportives provinciales, fédérales et internationales. Comme ce genre de problème *semblait être surtout répandu* parmi les adeptes de l'haltérophilie et de l'athlétisme, la Commission s'est surtout penché (*sic*) sur ces deux disciplines (p. xx).

– Les athlètes d'élite sont des modèles de comportement pour nos jeunes qui savent fort bien que certains de ces athlètes prennent des stéroïdes anabolisants. Il n'est donc pas surprenant que le recours à ces substances, d'abord limité aux athlètes d'élite, *ait gagné les gymnases et les vestiaires de nos écoles secondaires.* Les stéroïdes anabolisants sont des substances faciles à obtenir

et nos jeunes en consomment, plus particulièrement les jeunes garçons qui veulent
améliorer non seulement leur performance
athlétique, mais aussi leur apparence
physique (p. xx).

– *Le dopage* dans le sport n'est pas un phénomène propre au Canada : *il est répandu
dans les sports de compétition à l'échelle internationale.* Bien que le recours aux stéroïdes
anabolisants par les athlètes qui participent
aux compétitions internationales *soit mon-
naie courante depuis nombre d'années,* très peu
d'athlètes se sont fait prendre. La Commission a étudié l'efficacité des méthodes de
dépistage utilisées aux échelons national et
international, ainsi que les raisons pour
lesquelles les efforts de dépistage ne
donnent pas une juste idée de l'ampleur du
problème de dopage (p. xxi-xxii).

À sa manière, la commission Dubin, qui
résulte d'une initiative du gouvernement canadien, confirme la double conclusion déga-
gée au Venezuela : premièrement, celui qui
veut savoir est capable de savoir ; deuxième-
ment, l'alibi des lenteurs scientifiques ne
résiste pas. Cela ramène une double question devant le président Samaranch :
« Voulez-vous vraiment éliminer le problème du dopage ? Pourquoi ne prenez-
vous pas les moyens nécessaires ? » J'ai bien
peur que la vraie réponse – évidemment
différente de celle dans laquelle se drapera

l'Éminence olympique – loge dans les attitudes et les comportements dont le mouvement olympique a pris l'habitude dès ses débuts : plus de souplesse que de principes, multiples compromis poussés jusqu'aux compromissions, temporisation érigée en philosophie, servilité constante face aux puissants de ce monde...

Le problème, c'est que le mouvement olympique s'enferme ainsi dans des contradictions qui détruisent sa crédibilité et qui, pire encore, privent les jeunes générations des défis sportifs auxquels elles ont droit. D'une part, les performances et les records olympiques ne sont pas au-dessus de tout soupçon ; d'autre part, ce qui est d'une extrême gravité, les jeunes générations, qu'on veut détourner du recours au dopage, doivent se lancer à l'assaut de records à peu près hors d'atteinte, du fait qu'ils ont souvent été hissés au-delà des possibilités humaines par des athlètes « sous influence ».

Contradictions, en effet. Graves et multiples. D'un côté, le discours officiel de l'olympisme qui dénonce le dopage comme l'une des pires formes de tricherie et comme une répugnante atteinte à l'idéal de la loyauté sportive ; de l'autre, une nonchalance constante et prononcée du mouvement olympique face à l'effort que demanderait une lutte efficace contre le dopage. D'un côté, la dénonciation tous azimuts ; de l'autre, des tests sporadiques et limités qui ne détecteront jamais que les plus malchanceux des fraudeurs ou que ceux qui ne peuvent compter sur des chimies suffisamment retorses. D'un côté, la condamnation des coupables ; de l'autre, mille et une façons de les réintégrer aussi rapidement que possible dans les activités olympiques. D'un côté, l'annulation des résultats ouvertement frauduleux, de l'autre, la préservation de résultats et de records dont le mouvement olympique ne peut pourtant pas garantir la fiabilité. D'un côté, les trémolos bien sentis quant à la saine beauté de la jeunesse sportive ; de l'autre, le cynisme d'une confrontation où les purs continuent à affronter à la fois des adversaires gonflés à bloc, des records douteux et une persistante tricherie. Au total, le mouvement olympique, comme toujours, carbure à l'affirmation plutôt qu'à la démonstration.

Que faire quand un organisme de l'importance du CIO plaide, selon les contextes, l'impuissance, l'ignorance ou les trop lents progrès de la détection du dopage ? Revenir, même si à peu près aucun média canadien ne l'a fait, à la preuve établie méthodiquement par la commission Dubin. On y trouve en effet, à propos du Canada, un examen minutieux et prudent des sports apparemment les plus touchés par le dopage, les témoignages des athlètes, des entraîneurs, des gestionnaires des programmes et des subventions, un relevé courageux et fiable des infractions commises et, surtout, des recommandations dont pourraient faire leur profit plusieurs Fédérations internationales et même le sacro-saint CIO de M. Samaranch. Ce qu'a fait la commission Dubin, M. Samaranch et son CIO ne peuvent l'ignorer. Dès lors, ou bien M. Samaranch et son CIO persistent à se dire plus impuissants face au dopage que ne l'est le Canada (ou que ne l'a été le Venezuela), ce qui ne tient pas debout, ou bien le monde entier devra comprendre que le mouvement olympique tient davantage aux performances homériques qu'à la santé du sport et à celle des athlètes. C'est là que nous en sommes : M. Samaranch reconnaît-il Ben Johnson comme son fils spirituel ou prend-il enfin tous les moyens efficaces qui sont déjà disponibles, à commencer par ceux qu'a utilisés la commission Dubin, pour couper le lien qui rattache toujours l'olympisme au dopage ?

Précisons quelques points à l'aide du rapport Dubin.

1. De l'avis de la commission Dubin, il est de commune renommée qu'un bon nombre de standards olympiques sont hors de portée pour quiconque s'abstient de drogues.

Le record du monde au lancer du poids chez les hommes, établi en 1988, est de 23,06. La majorité des lanceurs s'accordent pour dire qu'il est difficile de dépasser les 20 mètres si on ne prend pas de stéroïdes[4].

Qu'en pense le CIO ? Admet-il que plusieurs défis qu'il propose à l'ambition des athlètes sont basés sur la tricherie ?

2. De façon répétée et explicite, les témoins canadiens entendus sous serment par la commission Dubin racontent comment ils ont été initiés à la pratique soutenue du dopage alors qu'ils s'entraînaient dans tel centre tchécoslovaque ou dans telle et telle université américaine à partir des années 1970.

> Bruce Pirnie, maintenant entraîneur des lanceurs au centre d'entraînement national sis à l'Université du Manitoba, était un lanceur de poids de compétition à la fin des années 1960 et dans les années 1970. Il a été initié à l'usage des stéroïdes vers 1970 par des athlètes américains et en a lui-même utilisé au début pour se préparer aux Olympiques de Munich en 1972. Il a commencé par s'approvisionner auprès d'un lanceur de marteau américain, puis s'en est fait prescrire par un médecin d'équipe et un autre médecin [...][5].

Comment le CIO réagit-il au rapport d'une commission d'enquête mise sur pied à cause d'un cas patent de dopage olympique, celui de Ben Johnson ? Quelles questions pose-t-il au Comité national olympique des

États-Unis et à la Fédération internationale de l'athlétisme ? Comment le CIO et le prince Alexandre de Mérode expliquent-ils l'écart scandaleux entre le nombre de cas de dopage signalés par des athlètes s'entraînant aux États-Unis et la rareté des cas qu'on y détecte ? Pourrait-on conclure à une inadéquation des tests étonnamment semblable à celle dont « bénéficiaient » il n'y a pas si longtemps les nageuses est-allemandes ?

3. Le rapport Dubin confirme de la façon la plus solennelle ce que tous racontaient déjà : l'haltérophilie est l'un des sports olympiques les plus profondément contaminés par le dopage.

La Fédération haltérophile canadienne n'a pas dû être surprise de la disqualification de quatre haltérophiles de l'équipe olympique. De tous les sports olympiques, l'haltérophilie faisait l'objet du plus grand nombre de disqualifications au cours de compétitions internationales en raison de la consommation généralisée de drogues chez les haltérophiles.

– Aux Jeux olympiques de 1976, à Montréal, sept des onze athlètes disqualifiés pour avoir consommé des drogues étaient des haltérophiles.

– Aux Jeux panaméricains de Caracas, en août 1983, onze des dix-neuf athlètes disqualifiés pour avoir consommé des drogues étaient des haltérophiles.

– Aux Jeux olympiques de 1984, à Los Angeles, cinq des douze athlètes disqualifiés pour avoir consommé des drogues étaient des haltérophiles.

– Aux Jeux olympiques de 1988, à Séoul, cinq des dix athlètes disqualifiés pour avoir consommé des drogues étaient des haltérophiles[6].

Qu'attend le CIO pour bannir l'haltérophilie des Jeux olympiques ? Pourquoi n'imite-t-il pas la sévérité du soccer qui bannit les pays qui ne contrôlent pas leurs *hooligans* ?

4. Le rapport Dubin établit avec une clarté navrante que ni la Fédération canadienne d'haltérophilie ni même Sport-Canada ne sanctionnent de façon claire et dissuasive les athlètes convaincus de dopage.

Au retour de l'équipe à Montréal (après des compétitions à Moscou en octobre 1983), Jacques Demers, Terry Hadlow, Mario Parente et Michel Pietracupa ont été détenus aux douanes. Ils avaient tenté d'introduire en contrebande 22 000 pilules de stéroïdes anabolisants. [...]

Peut-on trouver mieux pour témoigner de l'utilisation généralisée de stéroïdes anabolisants par l'équipe canadienne d'haltérophilie que l'importation de telles quantités de drogues ? Pourtant, la Fédération n'a pas cherché à se renseigner davantage sur les athlètes. Une suspension de toute compétition pour une période de trois mois a été la seule sanction imposée. Elle paraît bien peu appropriée à l'énormité de l'acte et n'est guère suffisante pour dissuader les autres. La Fédération haltérophile canadienne n'a manifestement pas pris au sérieux une telle conduite. [...]

Plutôt que de prendre des mesures fermes, Sport Canada a continué de breveter et de rémunérer les athlètes qui avaient tenté d'introduire les drogues en contrebande[7].

Le CIO, qui, comme on le sait, demeure le gardien de l'orthodoxie olympique, n'a-t-il pas les moyens de ramener à la décence les Fédérations internationales, voire les Comités nationaux olympiques qui manquent à ce point de crédibilité ? Avaliser de tels comportements n'est-il pas le fait des Ponce Pilate ?

5. Le rapport Dubin juge avec une sévérité indicible la réaction des haltérophiles canadiens convaincus de dopage systématique. Il note, par exemple, qu'ils ont spontanément songé à « soudoyer un agent de Sport Canada pour annuler la demande de tests supplémentaires formulée par le Conseil canadien de la médecine sportive[8] ».

Je n'ai pu m'empêcher d'avoir l'impression que s'ils en avaient l'occasion, la majeure partie d'entre eux, sinon la totalité, aurait une fois de plus recours aux stéroïdes anabolisants s'ils étaient persuadés que c'était la seule façon de rivaliser avec les haltérophiles de calibre international. La démoralisation était évidente chez ces jeunes gens.

Sur cette question, ils n'avaient plus aucun sens moral ou aucune valeur éthique. La tricherie faisait partie de leur mode de vie et ils étaient persuadés qu'ils avaient le droit d'agir ainsi. L'haltérophilie était devenue une sorte de culte et la consommation de stéroïdes en faisait partie. Ils s'entraînaient cinq ou six jours par semaine, aimaient la camaraderie qui régnait, ainsi que la possibilité de se rendre dans beaucoup de pays étrangers. Ils désiraient tellement conserver leur secret qu'ils étaient prêts à tout [...][9].

Quand le CIO, qui ne peut pas ignorer un tel document, laisse parader sous son étendard prétentieusement virginal des fraudeurs blindés comme ceux-là, on a le droit de l'accuser de mollesse, d'aveuglement volontaire, de désinformation cynique. Quand l'olympisme conduit à une telle évacuation du sens moral, il mérite d'être traité, au sens le plus mercantile du terme, en simple courtier de la fraude sportive. Et il mérite d'être brutalement expulsé de l'école.

Je ferme ce triste chapitre sur une succincte, mais trop éloquente revue de presse.

Je la limite d'ailleurs, puisque Québec 2002 demeure dans ma mire, aux deux quotidiens de la ville de Québec. Je n'attends que deux retombées de ce rapide survol : d'une part, qu'il confirme que les problèmes soulevés par le rapport Dubin ne sont pas spécifiquement canadiens ; d'autre part, qu'il montre enfin que la tolérance coupable et scandaleuse à l'égard de la drogue commence au plus haut palier de la machine olympique.

– « **Samaranch s'oppose aux suspensions à vie pour dopage** »

« Une suspension à vie signifie exclure toute possibilité pour un athlète qui a utilisé des substances prohibées d'améliorer son comportement », a encore dit Samaranch. (*Le Soleil,* 19 octobre 1994)

– « **Dopage: 5 nageurs chinois suspendus** » (*Le Soleil,* 13 décembre 1994)

– « **La lutte à la drogue, un échec complet** »

« Même les très purs Britanniques révèlent les faiblesses d'un système usé. » (*Le Soleil,* 13 décembre 1994)

– « **La vague du dopage a tout emporté** »

« La vague de dopage d'Hiroshima, problème qualifié de "très sérieux" par le

Comité international olympique, a éclipsé les grandes performances de l'année. » (*Le Soleil,* 15 décembre 1994)

– « Modahl suspendue jusqu'en 1998 »

« L'athlète britannique Diane Modahl a été reconnue coupable de dopage et suspendue jusqu'en 1998 par la Fédération britannique d'athlétisme (BAF) hier à Londres. » (*Le Soleil,* 15 décembre 1994)

– « Gore fustige les conspirateurs de la tricherie »

« Le vice-président américain Al Gore s'est prononcé, samedi à Atlanta, devant un millier de délégués du Comité olympique (CIO) pour des sanctions sévères à l'encontre de l'entourage des sportifs reconnus coupables de tricherie et de dopage. » (*Le Soleil,* 18 décembre 1994)

– « L'âge d'or du sport »

« La victoire contre le dopage est en bonne voie. […] "Le sport vit son âge d'or", selon M. Juan Antonio Samaranch.

« La Chine, par la voix d'un des membres de son gouvernement, M. Zhienliang He, ministre de la Culture, a voulu lever la suspicion d'un dopage d'État dans son pays, à la manière est-allemande, à la suite des onze cas aux Jeux asiatiques.

« Il a bénéficié du soutien du prince Alexandre de Mérode, président de la commission médicale, qui a témoigné des efforts de la Chine dans sa détermination pour l'éradication du fléau [...]. (*Journal de Québec,* 21 décembre 1994)

– « Dopage »

« Le Congrès de la Fédération internationale d'athlétisme (IAAF) a rejeté dans une très large majorité (137 voix contre 49) une proposition faite par son Conseil en mai qui visait à réduire de quatre à deux ans la suspension infligée à tout athlète convaincu pour la première fois d'une infraction grave en matière de dopage. La suspension de quatre ans, avec radiation à vie en cas de seconde infraction, décidée lors du Congrès de Tokyo en 1991 est donc maintenue. » (*Le Soleil,* 4 août 1995)

– « Pessimisme pour l'avenir d'un sport d'élite propre »

« Médecins et autorités olympiques réunis pour le troisième Congrès sur les sciences du sport à Atlanta, où se dérouleront les Jeux olympiques de 1996, apparaissent pessimistes quant à l'avenir d'un sport de haut niveau "propre", plusieurs études soulignant l'attrait des substances dopantes chez les jeunes prêts à tout pour réussir. [...]

« "Il faut souligner l'hypocrisie des organisateurs de compétitions et même des fédérations sportives", a pour sa part relevé le prince Alexandre de Mérode, président de la commission sportive du CIO. Selon lui, la solution passe par la définition d'un "statut social pour le sportif de haut niveau". » (*Le Soleil*, 20 septembre 1995)

– « Dopage : sanction uniforme »

« Le Comité international olympique va chercher à faire accepter dans tous les sports la limitation à deux ans de suspension la sanction maximale envers un athlète convaincu de dopage.

« Le prince Alexandre de Mérode, vice-président du CIO, a indiqué qu'il allait prôner l'établissement d'un barème général de sanctions dans ce sens lors de la réunion de la commission d'harmonisation les 8 et 9 octobre à Paris. » (*Le Soleil*, 27 septembre 1995)

– « Chasse aux hormones – Une forme de dopage qui menace le sport »

« Le Comité international olympique et la Communauté européenne ont conjointement décidé de consacrer plus de trois millions $ (sur trois ans) à la lutte contre le dopage par consommation d'hormones de croissance. [...]

« Le prince Alexandre de Mérode qui lutte contre le dopage à la tête de la commission médicale du CIO depuis 1968, estime que les sommes dégagées pour la recherche contre l'utilisation de la GH, "amorce (*sic*) une nouvelle étape". » (*Le Soleil*, 28 septembre 1995)

– « La Chine déclare la guerre au dopage » (*Le Soleil,* 25 octobre 1995)

– « L'affaire Foschi fait des vagues »

« Une vague de protestation tant au niveau national qu'international est née hier de la décision d'une commission d'enquête de la Fédération américaine de natation de ne pas suspendre Jessica Foschi, 15 ans, convaincue de dopage lors des Championnats des États-Unis, en août à Pasadena. » (*Le Soleil,* 6 novembre 1995)

– « Les nageurs contrôlés positifs: suspension de 4 ans »

« La Fédération internationale de natation (FINA) a décidé hier, à Rio, lors d'une assemblée générale extraordinaire, d'infliger désormais quatre ans de suspension aux nageurs convaincus de dopage, ce qui leur interdira de participer aux Jeux olympiques. » (*Le Soleil,* 29 novembre 1995)

Survol simpliste, mais qui révèle déjà du très beau Samaranch.

9

Des retombées...
écrasantes !

Une fois qu'on a imposé une relative humilité aux prétentions morales de l'olympisme, doit-on au moins lui reconnaître de grandes vertus au chapitre du rendement économique ou socio-économique ? Y a-t-il un fondement à la rengaine des promoteurs qui voient dans la désignation de leur ville comme site des Jeux l'occasion de relancer l'économie régionale et même nationale ? Les Jeux vont-ils, selon l'anglicisme courant, « mettre la ville sur la carte » ? Il faut, à tout le moins, nuancer et mettre un bémol à ces espoirs grandiloquents.

Pour s'y retrouver dans les fameuses retombées dont les Jeux combleraient les villes hôtes, il faut, tout d'abord, faire un sort à certaines sottises qui perdurent dans le folklore olympique. La tâche est relativement facile à condition de lire avec un minimum d'attention la Charte olympique rédigée par le CIO et dont il impose les outrances au monde entier. L'écart, comme d'habitude, est énorme entre ce que dit le CIO (ou sa charte) et la réalité.

Ainsi, en dépit de la règle 36, qui stipule que l'honneur de présenter les Jeux est confié à une ville, il n'est pas question, répétons-le, que le CIO traite avec une ville laissée à elle-même. La règle 37 fait d'ailleurs ressortir éloquemment l'hypocrisie de la règle 36. Lisons.

Règle 37. – Élection de la ville hôte

[...]

3. L'organisation des Jeux olympiques ne sera pas confiée à une ville si celle-ci n'a pas remis au CIO un document établi par le gouvernement du pays considéré, dans lequel ledit gouvernement garantit au CIO que le pays respectera la Charte olympique.

La règle 39 achèvera de dissiper brutalement les dernières illusions en faisant du CIO le seul patron à bord.

Règle 39. – Comité d'organisation

1. L'organisation des Jeux olympiques est confiée par le CIO au CNO du pays de la ville hôte ainsi qu'à la ville hôte même. Le CNO constituera dans ce but un Comité d'organisation (COJO) qui, dès le moment de sa constitution, communique directement avec le CIO, dont il reçoit les instructions.

La ville hôte aurait-elle encore la naïveté de croire qu'elle pourra, en cas de divergences d'opinion, compter sur ces partenaires incontournables que sont le CNO et le COJO ? Espérons que non, car, d'une part, comme on vient de le voir, le COJO reçoit ses instructions du CIO ; d'autre part, le CNO (Comité national olympique) a été, lui, mis à la botte du CIO dès la règle 4 de la sublime Charte olympique.

Règle 4. – Reconnaissance par le CIO

1. Afin de promouvoir le Mouvement olympique dans le monde, le CIO peut reconnaître au titre de CNO des organisations dont l'activité est liée à son rôle. Ces organisations [...] doivent être établies conformément à la Charte olympique et leurs statuts doivent être approuvés par le CIO.
[...]
6. Le CIO peut retirer, avec effet immédiat, sa reconnaissance aux FI (fédérations

internationales), aux CNO, ou autres associations et organisations.

L'organisation ayant été confiée par le CIO à des créatures sur lesquelles la ville hôte et même le pays n'ont aucune prise, le CIO peut répartir les responsabilités financières selon son caprice.

Règle 40. – Responsabilités

Le CNO, le COJO et la ville hôte sont conjointement et solidairement responsables de tous les engagements contractés ou collectivement en relation avec l'organisation et le déroulement des Jeux olympiques, sauf pour ce qui concerne la responsabilité financière de l'organisation et du déroulement de ces Jeux laquelle sera entièrement assumée conjointement et solidairement par la ville hôte et le COJO, sans préjudice de toute autre partie, en particulier telle que pouvant découler de toute garantie fournie conformément à la Règle 27, paragraphe 5. *Le CIO n'encourra aucune responsabilité financière quelle qu'elle soit à cet égard.* [Les italiques sont de moi.]

En somme, le CIO a une double personnalité : il est Ponce Pilate par son rejet total des responsabilités et César par son parfait accaparement de l'autorité. Le CIO fait une fleur au CNO en le libérant d'avance de toute responsabilité financière, mais il reporte cette responsabilité sur la ville hôte, qui n'a pourtant plus grand-chose à décider depuis un bon moment, et sur le COJO qui, pourtant, reçoit « dès le moment de sa constitution » (règle 39) ses instructions du CIO. Bref : CIO Tarzan, toi payeur !

Pourquoi cette autre incursion dans la Charte olympique ? Pour établir ceci : une ville entretient de bien grandes illusions si elle pense pouvoir influer significativement sur le déroulement des Jeux qu'elle sollicite. D'un côté, le pays hôte a toute latitude pour traiter directement avec le CIO puisque c'est le pays qui garantit au CIO le respect de la Charte olympique ; de l'autre, le CIO contrôle les Jeux de A à Z, soit directement, soit par ses satellites que sont le CNO et le COJO. Le seul espoir que la ville hôte puisse encore entretenir quant aux retombées, c'est que, malgré les incertitudes d'un tel cheminement, le prestige olympique laisse choir près d'elle quelques miettes. J'y reviendrai.

Parmi les autres évidences qu'il faut pourtant remettre en mémoire, deux sont empreintes de bon sens, même si elles ne reçoivent pas toujours la considération souhaitable. La première, c'est qu'on doit dresser le bilan financier des Jeux en intégrant toutes les dépenses qu'ils occasionnent. Dépenses directes et indirectes : celles qui sont spécifiquement olympiques, mais aussi celles qui se rattachent aux Jeux, mais ne sont pas directement olympiques.

La seconde, c'est qu'on ne connaît la facture finale que longtemps après les Jeux. Évidences ? Bien sûr. Règles respectées par conséquent ? Pourtant pas.

Il s'en trouve encore beaucoup, par exemple, pour brandir de glorieux surplus tant que l'aventure olympique n'a pas englouti les subventions gouvernementales. Un bilan correct devrait pourtant distinguer les revenus imputables aux Jeux des octrois gouvernementaux. Tout comme on ne devrait se vanter d'un autofinancement que si les Jeux tirent des Jeux de quoi payer les Jeux. Il s'en trouve aussi beaucoup pour fermer les livres et proclamer la rentabilité de toute l'opération bien avant que les dernières factures soient compilées. Dans un cas comme dans l'autre, le portrait des coûts et des retombées s'éloigne de la réalité. Ces deux règles se rappelleront tout à l'heure à notre bon souvenir…

Une fois les acteurs en place et dûment conscrits par le CIO et, accessoirement, par le pays hôte, que se passe-t-il ? Un bouleversement des prévisions faites avant le choix de la ville hôte. C'est là que les retombées commencent à s'éloigner de ce qu'annonçaient les promoteurs.

Dans une étude rendue publique en février 1992 à un colloque tenu à Grenoble, le chercheur norvégien Jon Helge Lesjo constatait, au lendemain de la décision du CIO d'accorder les Jeux olympiques d'hiver de 1994 à Lillehammer, quatre changements majeurs dans la planification établie précédemment.

En premier lieu, il y a eu une augmentation extraordinaire des coûts qui ont triplé entre 1987 et 1990. En second lieu, des changements sont survenus dans la localisation des arénas. En troisième lieu, on a considérablement étendu les objectifs nationaux fixés aux Jeux. En quatrième lieu, on a modifié l'organisation de tout le projet olympique[1].

Pourquoi tant de changements et d'une telle ampleur ? Telle est la question que pose Lesjo. Sa façon de la poser et de la faire porter franchement sur le jeu politique qui s'amorce aussitôt après la désignation de la ville hôte devrait faire réfléchir ceux qui pensent encore – il y en avait encore tout récemment dans Québec 2002 – qu'une ville « qui prend ses précautions et qui croit à son idéal » peut organiser des Jeux modestes...

Quand les gens d'affaires de la communauté locale de Lillehammer prirent contact avec le président du Comité olympique norvégien en 1981, en vue d'obtenir son appui à la candidature de Lillehammer pour les Jeux olympiques de 1992, ils se faisaient de la situation à peu près l'image suivante : ils voulaient que les Jeux reviennent en Norvège pour s'y dérouler dans une petite cité toute calme où les activités sportives retiendraient vraiment l'attention. Ils espéraient que la Norvège pourrait s'acquitter de cette tâche simplement, mais dans l'honneur.

D'après la Charte olympique, accueillir les Jeux ne concerne pas seulement une ville et un comité national, l'État national et le gouvernement doivent aussi garantir que les Jeux seront organisés et réalisés selon les règles du CIO. Il en découle que des décisions doivent être prises à l'échelon du système politique national. Notre recherche s'attache à ces décisions prises par le système politique. Pourquoi le gouvernement a-t-il soutenu cette candidature ? Que s'est-il passé quand l'enjeu, qui était d'appuyer une candidature, est devenu la planification et l'organisation des Jeux ? Comment fonctionne le système politique dans une telle situation[2] ?

On imagine déjà la suite, mais Lesjo la raconte minutieusement. Le modeste projet des gens d'affaires de la ville de Lillehammer leur échappa rapidement et il devint ce que le gouvernement norvégien et le CIO voulaient qu'il soit. Alors que leur demande d'aide faisait état, en 1987, d'un budget global de 1,8 milliards de couronnes norvégiennes (275 M $ US), le budget voté par le Parlement norvégien à l'automne 1990 atteignait 7 milliards de couronnes norvégiennes (1,1 milliard de dollars US) en plus d'un montant de deux autres milliards de couronnes (plus de 300 M $ US) pour des travaux d'infrastructures. Du simple au triple, même en faisant abstraction de l'inflation.

Les autres virages furent tout aussi spectaculaires et brutaux. Ainsi, alors que les premiers promoteurs du projet voyaient la venue des Jeux comme un stimulant à l'emploi, les critères retenus par le gouvernement norvégien allaient plutôt en direction du développement économique global de la région, d'un renforcement du tourisme norvégien et d'une accréditation de la Norvège comme pays de sports d'hiver. Par ailleurs, le gouvernement norvégien eut vite fait, face au budget colossal qu'était devenu le « projet modeste », d'imposer comme gestionnaire principal du COJO de Lillehammer un homme fort, issu du milieu des grandes entreprises transnationales. Le modèle des Jeux de Los Angeles confiés à la poigne de Peter Ueberroth avait suscité des imitateurs.

Nous ne sommes pas ici en train de faire revivre l'ancien testament ! Le récit de Lesjo touche, au contraire, ce qu'il y a de plus actuel, de plus contemporain dans les classiques dépassements olympiques. Il n'est donc pas possible de balayer son analyse du revers de la main en disant, comme l'ont fait systématiquement les inventeurs de la roue de Québec 2002 chaque fois qu'on leur parlait des Jeux de Montréal : « Cela se passait à une autre époque. Nous savons aujourd'hui comment contenir les coûts ! »

Il est d'ailleurs utile, à propos de Montréal, de rappeler que les mêmes excuses, les mêmes promesses, les mêmes engagements solennels eurent cours à l'époque et trompèrent tout autant.

D'une part, il était impossible, disait alors le maire-promoteur de Montréal, M. Drapeau, que les Jeux de Montréal se terminent sur un déficit, car « un homme ne peut pas tomber enceinte ». Autre argument tout aussi imparable, « il suffit de laisser couler le robinet jusqu'à ce que la baignoire soit remplie ». D'autre part, les hausses déjà survenues dans les coûts étaient entièrement attribuables, répétait le même M. Drapeau, à une incontrôlable inflation. On connaît la suite. Le robinet fait toujours de son mieux, mais la baignoire demeure imperturbablement déficitaire. L'homme tomba enceinte et les coûts gonflèrent infiniment plus vite que l'inflation. Ainsi, de juillet à novembre 1975, c'est-à-dire en moins de quatre mois, le coût direct des Jeux de Montréal est passé de 600 à plus de 810 M $. Même galopante, l'inflation n'augmentait tout de même pas au rythme de 33 % tous les quatre mois ou de 100 % par an. Pas plus que le triplement des coûts de Lillehammer ne s'explique par une quelconque astuce comptable.

Ce bref rappel des sottises et des trom-

peries olympiques de 1976 suffit à corro-
borer l'analyse menée par Lesjo au sujet des
Jeux de Lillehammer : une fois que le CIO
a choisi une ville et un pays comme cibles de
sa voracité, un processus politique s'enclen-
che qui respecte rarement les décisions et les
engagements du début. Quel que soit donc
l'angle sous lequel on se place pour expliquer la débâcle administrative subie par les
Jeux de Montréal ou le triplement des coûts
de Lillehammer, il faut faire intervenir dans
la réflexion la logique implacable qui s'applique d'une olympiade à l'autre en raison
du poids du CIO et des variations gouvernementales sur le thème de l'olympisme.
C'est cette logique qu'il faut examiner.

Car Montréal et Lillehammer obéissent à
cette logique et ne constituent donc pas des
exceptions. À vingt ans d'intervalle, qu'il
s'agisse de Jeux d'été ou de Jeux d'hiver, la
même évolution se répète, du moins quant
au gonflement des prévisions et au dérapage
de jeux « modestes » vers le gigantisme. Un
groupe de chercheurs de l'université Laval a
donc eu raison d'affirmer dans un premier
temps, chiffres à l'appui, lors d'un congrès
de l'ACFAS, que « les coûts strictement
associés aux Jeux [...] ont tendance à augmenter d'une célébration à l'autre[3] ». Cela
semble un truisme, mais demande pourtant
à être bien compris.

Les mêmes chercheurs décelaient, en

effet, une autre règle et profitaient du même
congrès de l'ACFAS pour en démonter le
mécanisme : « Paradoxalement, l'augmentation même permet de payer les Jeux. »
Selon ces universitaires, qui comptent parmi les plus fiables observateurs de l'olympisme, une différence existe, qu'il faut voir,
entre les Jeux de Mexico et ceux de
Munich, entre ceux de Montréal et ceux
de Tokyo, entre ceux qui ont eu les effets
d'un cataclysme et ceux qui, malgré leur
gigantisme, semblent avoir laissé un bilan
positif. La différence tient, selon cette
théorie, à ce qu'un énorme ensemble d'investissements non olympiques s'ajoute ou
ne s'ajoute pas aux coûts spécifiquement
olympiques. Pour qu'une société s'en tire
avec un bénéfice, disent ces chercheurs, il
ne s'agit donc pas, bien au contraire, de s'en
tenir à des Jeux modestes. Ceux qui ont
tenté l'expérience ont tous provoqué des
désastres. Il s'agit, oui, de contrôler les
dépenses *olympiques,* mais il est plus important de les accompagner d'investissements
non olympiques plus considérables encore. Le
secret devient celui-ci : « Prenez prétexte
des Jeux, servez-vous-en comme d'un levier
et faites, en les synchronisant avec les Jeux,
les investissements que vous rêviez de faire
depuis une éternité… » À condition, cependant, que la collectivité soit en mesure d'effectuer des investissements non olympiques
absolument colossaux.

Simple théorie concoctée sans vérification dans les hauteurs universitaires ? Non pas. Qu'on relise les propos aussi explicites que possible du maire de Barcelone et président du comité organisateur des Jeux tenus dans cette ville en 1992 :

> [...] les Jeux sont aussi un prétexte. Notre objectif central a toujours été les bénéfices à long terme de notre ville. Les Jeux olympiques nous ont permis de focaliser nos projets ; mais dans un certain sens, ils sont périphériques. Les Jeux seront terminés dans 16 jours, mais Barcelone demeure[4].

De fait, il y a un déséquilibre manifeste entre la très courte liste des investissements spécifiquement olympiques effectués à Barcelone et les immobilisations que l'on a simplement (et cyniquement ?) synchronisées avec les Jeux de 1992. Dans la colonne « olympique », deux éléments seulement : le complexe sportif de Montjuïc et le Parc de Mar. Dans l'autre colonne, une énumération plutôt longuette :

> – centre-ville redéfini : nouveaux logements pour 8 000 personnes
> – boulevards périphériques, tunnels, transport urbain
> – agrandissement, modernisation de l'aérogare
> – transformation, récupération du littoral, nouveau front de mer
> – 864 acres de nouveaux parcs

– infrastructures urbaines de communication, d'aqueduc, de traitement des eaux
– une vingtaine de nouveaux hôtels
– nouveau Théâtre National catalan
– réaménagement des équipements culturels
– nouveau Centre des Congrès[5]…

Ceux qui lisent trop vite seront évidemment déjà parvenus à des conclusions
erronées. « Branchez-vous ! Vous dites que
les Jeux finissent bien quand on engouffre
l'argent par bateaux entiers, mais vous di-
siez tout à l'heure que les Jeux de Montréal
ont été un désastre parce qu'on a laissé les
dépenses augmenter… » Répétons donc len-
tement à l'intention de ces petites personnes
pressées : il semble, d'après une intéressante
recherche universitaire, que les Jeux se terminent bien quand un pays entier prend
prétexte de ces derniers pour multiplier les
investissements non olympiques tout en gar-
dant sous contrôle les dépenses spécifiquement olympiques. Voilà la nuance.

Les chiffres seront, comme d'habitude,
plus éloquents. À Montréal, en 1976, les
dépenses rattachées aux Jeux atteignirent (et
ce n'est pas fini) 1,581 milliard, tandis que
les investissements non olympiques plafon-
nèrent à 140 millions de dollars. Dix fois
plus en constructions olympiques qu'en
investissements à d'autres fins. À Séoul, les
investissements proprement olympiques

furent limités à 531 millions, en plus de servir à la fois aux Jeux de 1988 et aux Jeux asiatiques de 1986, mais les immobilisations non olympiques atteignirent 3,5 milliards, soit sept fois plus dans la colonne « non olympique » que dans les coûts olympiques. Si l'on compare Montréal et Séoul, on constate que Séoul consacre trois fois moins d'argent que Montréal aux coûts directs des Jeux, mais vingt-cinq fois plus aux investissements non olympiques. Or, Séoul, en partie grâce à l'intégration des coûts rattachés aux Jeux de 1988 et aux Jeux asiatiques de 1986, s'en tira avec un surplus d'environ 500 millions, alors que Montréal assiste toujours, vingt ans après les événements, au gonflement d'un déficit qui a atteint 981 millions en 1994.

Barcelone va dans le même sens : un peu moins que Montréal quant aux coûts des Jeux (1,455 milliard), même si douze années se sont écoulées depuis les Jeux de 1976, mais 53 fois plus au chapitre des immobilisations non olympiques : 7,5 milliards contre 140 millions. Et Barcelone ferme ses livres avec un surplus symbolique de 4 millions.

Les Jeux de Los Angeles, bien que boudés par le bloc socialiste, eurent cette particularité que leurs responsables, au lieu de dépenser des fonds publics, remirent à l'État des immobilisations d'une valeur de 28 millions au lendemain des Jeux ! Il est vrai que le grand patron des Jeux, Peter Ueberroth, avait reçu du gouvernement américain le mandat au moins officieux de tout faire pour que le boycott soviétique passe inaperçu. Los Angeles devait l'emporter sur Moscou ; le boycott soviétique de Los Angeles en 1984 devait paraître négligeable par rapport au boycott américain pratiqué aux Jeux de Moscou en 1980. Ueberroth eut donc carte blanche et mobilisa à son gré et sans limite toutes les transnationales qu'il voulut. La réussite financière vint, au moins en partie, de ce qu'Ueberroth se comporta comme si les États-Unis avaient été en guerre et comme si l'on avait brûlé la Charte olympique. Ce n'est sans doute pas à la portée de tous.

Que conclure de cette valse des milliards ? Diverses choses. La première, c'est qu'il faut à tout jamais faire son deuil des Jeux modestes. Ce n'est plus possible si ce le fut déjà. La deuxième, c'est que les Jeux ne font désormais leurs frais que dans les pays – oublions les villes ! – qui sont en mesure de financer, parallèlement aux constructions olympiques, un énorme projet de rénovation métropolitaine, ou de relance économique régionale ou nationale. La troisième, c'est que l'affrontement entre un CIO dictatorial et le projet olympique soumis par une ville ne peut se solder par un match nul que dans les cas où un pays riche entre dans l'aventure olympique avec des priorités clairement établies et un budget plantureux. La quatrième, c'est qu'aucune des villes (aucun des pays) qui ont présenté les Jeux après Montréal n'a consacré une somme aussi élevée que Montréal aux coûts directs des Jeux. Les villes où les Jeux ont été le plus rentables, Los Angeles et Séoul, ont investi respectivement 546 et 531 millions dans ce domaine, contre 1,581 milliard à Montréal.

Moralité : si vous voulez survivre à la célébration des Jeux, soyez gros et riche et ayez dans votre manche un plan socio-économique assez colossal pour noyer complètement les dépenses olympiques. Même avec ces atouts, il n'est pas certain, on le verra, que l'aventure améliore automatiquement la santé économique de tous les pays hôtes.

Car l'olympisme, c'est dans son esprit et ses traditions, a beaucoup de respect pour les riches et les puissants. Compter sur lui pour ranimer les économies souffreteuses, c'est mal le connaître.

10

La déroute
de Québec 2002

Ce qui vient d'être dit au chapitre 9 amène à se poser la question : « Mais, alors, que diable Québec 2002 allait-il faire dans cette galère ? » Qu'est-ce qui a pu laisser croire à des promoteurs québécois qu'ils avaient une chance (ou couraient le risque) d'obtenir la désignation désirée ? Pire encore, qu'est-ce qui a pu leur laisser l'impression que Québec 2002 pourrait, advenant l'acceptation de cette candidature par le CIO, terminer les Jeux avec un bilan positif ?

Certains diront, bien sûr, que des Jeux d'hiver n'entraînent pas la même sarabande des coûts. Ce n'est qu'en partie vrai, ainsi que le montrent les aventures récentes de Lillehammer et d'Albertville où des Jeux d'hiver se sont révélés capables, eux aussi, d'une assez belle voracité. Par ailleurs, ainsi que nous le verrons, les Jeux d'hiver ont des exigences bien à eux, par exemple celle de pouvoir compter sur une montagne d'un certain gabarit !…

Répétons donc la question : qu'est-ce que Québec 2002 allait faire dans cette galère ?

Les hypothèses pullulent et aucune n'est à l'épreuve des balles. Elles se divisent en trois grandes familles de spéculations : ou bien l'on doit conclure à l'incompétence naïve des promoteurs, ou bien il faut les considérer comme des cyniques renseignés, ou bien on les jugera à la fois cyniques et incompétents. Dans le premier cas, nous aurions des missionnaires plutôt sympathiques, mais illuminés et surtout égarés dans un monde dont ils ignorent à peu près complètement les règles. Dans le deuxième cas, nous aurions des gens très au courant des façons de faire du CIO et des exigences des Fédérations internationales et conscients des limites du dossier québécois, mais qui se jugent tout de même capables de faire triompher leur cause. Dans le troisième cas, nous aurions des promoteurs qui n'ont aucune objection à vendre un projet douteux et qui sont en outre assez mal renseignés sur les exigences des clients particuliers que sont le CIO et les FI.

J'avoue, sans pourtant porter de jugement, mon penchant pour la troisième famille d'hypothèses. La preuve me semble montrer que les promoteurs de Québec 2002 surestimaient leur aptitude, par ailleurs très réelle, à vendre n'importe quoi à n'importe qui, y compris au CIO, ce qui fait d'eux des cyniques, mais qu'ils sous-estimaient gravement les faiblesses de leur dossier, ce qui fait d'eux des incompétents. Il est cependant probable que, dans le groupe des promoteurs, il y en avait de tous les types, depuis les plus admirables croyants jusqu'aux « patroneux » aux dents longues.

Un élément fascinant du cheminement désastreux suivi par Québec 2002 fut que ses promoteurs ne réussirent que trop bien, pendant des mois et même des années, à faire partager leur optimisme réel ou factice à un nombre étonnant de gouvernants ou d'analystes rattachés à l'entreprise privée ou aux universités. Cela soulève, soit dit en passant, d'intéressantes interrogations sur la compétence et sur la liberté de pensée de ces décideurs, comme sur celles des mercenaires dont surabonde l'industrie du conseil.

On trouve, en tout cas, de très trompeurs raccourcis et des perspectives systématiquement embellies dans la prose soumise au Conseil des ministres du Québec par le ministre responsable du Secrétariat à la Capitale, M. Marc-Yvan Côté, au sujet de Québec 2002[1]. Le texte que je cite ici porte explicitement la mention « partie accessible au public », ce qui donne déjà un aperçu du sens qu'il faut donner au mot transparence quand il surgit en contexte olympique, mais il n'a visiblement pas fait disparaître toutes les affirmations saugrenues du texte intégral.

Ainsi, en guise d'historique, on a droit au très sélectif résumé suivant :

> L'éventuelle tenue des Jeux olympiques dans la région de Québec a préoccupé plusieurs personnes depuis fort longtemps. La création de Sports Internationaux de Québec en 1972, organisme à but non lucratif voué à la tenue d'activités sportives d'envergure internationale, a été une des premières actions visant cet objectif.
>
> En novembre 1990, une étude de faisabilité a été réalisée par Sports Internationaux de Québec s'ajoutant à celles menées en 1985 et 1989, par des firmes-conseils de Québec. Finalement en décembre 1991, le Maire de la Ville de Québec, M. Jean-Paul L'Allier, accepta de soumettre la candidature de sa ville aux Jeux olympiques d'hiver de 2002.

Un texte plus critique aurait mis de côté, *parce que forcément biaisées,* les études menées par les promoteurs eux-mêmes, tout comme il aurait révélé honnêtement que les études plus neutres, comme celle de Dion et associés en 1985, avaient déjà révélé des fragilités dans la candidature de Québec. Concluons-en que le ministre a fait sien le projet. L'impression se confirmera quand, deux pages plus loin, le ministre rangera parmi « les études exigées par le gouvernement du Québec et la ville de Québec » des textes émanant de… la Corporation des Jeux d'hiver de Québec 2002 et datés de 1992 ! Quand les affirmations des promoteurs sont traitées par un ministre comme des preuves scientifiques indépendantes et crédibles, il est légitime de considérer le ministre comme intégré au groupe des promoteurs. Le document révèle également que la candidature officielle de Québec a été présentée par le maire de Québec en décembre 1991, alors que les quatre études (?) exigées par le gouvernement du Québec et la ville de Québec sont toutes datées de… 1992. Comme quoi certaines personnes savent d'avance que les études « indépendantes et crédibles » qu'elles commanditent leur donneront raison. Belle prescience.

On trouvera un degré aussi élevé d'esprit critique et d'acuité dans l'analyse stratégique quand (page 8) le ministre Côté spéculera sur les « hypothèses de succès » de Québec 2002.

Il semble qu'actuellement les villes de Iaca en Espagne (2ᵉ essai), Aosta en Italie (2ᵉ essai), Tatry en Tchécoslovaquie (1ᵉʳ essai), Christchurch en Nouvelle-Zélande

(1er essai) et Salt Lake City (3e essai) présenteront leur candidature auprès du CIO pour l'organisation des Jeux d'hiver de 2002.

Cependant, comme les deux dernières villes, Albertville et Lillehammer, où se sont tenus les Jeux olympiques d'hiver sont situées en Europe, et que ceux de 1998 auront lieu à Nagano au Japon, alors le choix revient, en principe, à l'Amérique en 2002. En 1995, au moment du choix international, les Jeux d'été de 1996 se tiendront à Atlanta.

Les membres du CIO accorderont-ils les Jeux à une ville des États-Unis à si brève échéance? Rappelons que le choix de la ville d'Atlanta a été fort contesté. Plusieurs spécialistes du mouvement olympique auraient préféré la ville d'Athènes, pour les Jeux d'été 1996, à cause du centenaire des Jeux olympiques.

On connaît aujourd'hui la suite. Si l'on doit évidemment pardonner aux promoteurs de ne pas avoir connu l'avenir, ce qui n'est qu'humain, il est plus difficile de les absoudre de l'arrogance prétentieuse qui imprègne leurs prédictions (et qui sera d'ailleurs une marque de commerce du groupe pendant toute l'offensive). Se tromper est une chose ; se tromper quand on joue à l'initié et au spécialiste du mouvement olympique en est une autre.

La suite du mémoire soumis au Conseil des ministres révèle un autre aspect étonnant des façons de faire de la Corporation des Jeux d'hiver de Québec 2002. Alors qu'elle pouvait demander la collaboration d'universitaires spécialisés dans le domaine olympique et dont plusieurs des plus respectés du Canada se trouvent justement à l'université Laval, la Corporation se tourna plutôt, pour des raisons qui lui appartiennent, vers le Centre de recherche en aménagement et en développement de la même université Laval (CRAD). C'est à ce Centre, qui a de belles qualités, mais qui n'a guère fréquenté l'olympisme, qu'elle demanda de « mesurer l'activité économique supplémentaire générée par l'argent neuf » qu'injecterait dans la région de Québec une éventuelle présentation des Jeux d'hiver de 2002.

Comme la candidature de Québec n'obtint, on le sait maintenant, que sept voix sur les 89 exprimées, on ne saura jamais, bien sûr, si les prévisions du CRAD « tenaient la mer ». On sait, en revanche, que la Corporation des Jeux d'hiver de Québec 2002 eut vite fait de torturer les chiffres du CRAD jusqu'à les faire passer aux « aveux » souhaités. Alors que le CRAD n'avait pas le mandat d'étudier la rentabilité de l'opération et s'intéressait strictement aux revenus supplémentaires en passant les dépenses sous silence, les communiqués de presse rédigés par la Corporation à partir de l'étude du CRAD glissèrent rapidement sur ces précautions pourtant élémentaires.

Évidemment, les Jeux nécessiteront des investissements considérables et c'est ce qui inquiète certaines personnes, convient M. (René) Paquet (président de la Corporation des Jeux d'hiver de Québec 2002). Cependant, même si le projet comporte une certaine part de risque, cela ne doit pas nous empêcher d'aller de l'avant. Il ne faut pas oublier que les revenus qui seront générés par les Jeux seront bien plus importants que ces dépenses.

De l'argent neuf pour relancer l'économie

Une étude scientifique réalisée par le Centre de recherches en aménagement et en développement (CRAD), sous la supervision de l'économiste Pierre Fréchette, a révélé que les Jeux olympiques entraîneraient des retombées de 724 millions de dollars au Québec dont 611 millions uniquement dans la grande région de Québec. « C'est de l'argent neuf qui ne se serait pas dépensé dans la région sans les Jeux », insiste M. Paquet[2].

Et c'est ainsi que, par une habile juxtaposition d'affirmations étrangères les unes aux autres, une étude portant sur les seules retombées est utilisée pour créer dans le public l'impression que les surplus sont assurés. Transparence, quand tu nous tiens !

On pourrait, en outre, s'interroger sur la notion d'argent neuf. Quand cette notion s'applique, comme c'est le cas ici, à des fonds publics autant que privés, cette notion, n'en déplaise aux économistes, relève autant et plus de la science politique et de la sociologie que du calcul comptable. Dans l'état actuel des finances publiques, il faut, en tout cas, plus que de l'optimisme pour prétendre que des gouvernements qui voient converger vers une région les millions drainés par les Jeux vont tout de même consacrer à cette région le même pourcentage d'investissements publics. Une méfiance de bon aloi, que semblent honnir les économistes conscrits par Québec 2002, conduirait plutôt à prévoir une certaine justice distributive et à mettre d'avance dans la bouche des politiques des déclarations dans le style suivant : « Vous avez choisi l'olympisme comme moteur de votre développement. Ne nous blâmez pas si notre péréquation vise maintenant à aider les régions qui n'ont pas bénéficié de ce moteur. Après tout, nous avons déjà investi plus de 250 M $ dans votre présentation des Jeux… » Argent neuf ? On peut en douter. Plutôt priorités différentes définies par l'olympisme. Ce n'est pas la même chose.

Rattachons maintenant une ficelle laissée

flottante tout à l'heure : le fait qu'il n'existe pas de bilan instantané d'une aventure olympique.

La première preuve qu'il ne faut pas dresser trop tôt le bilan final, nous la prenons au Québec. Non seulement les Jeux de Montréal ont coûté plus qu'ils n'ont rapporté, mais *leur coût continue d'augmenter*. Comme les revenus, eux, ont cessé depuis longtemps, le déficit ne cesse de grandir. On mesure l'ampleur de cette hausse en lisant les commentaires présentés devant l'ACFAS[3]. La Régie des installations olympiques (RIO) a connu, depuis les Jeux de Montréal de 1976, 19 déficits d'exploitation consécutifs. Le déficit annuel moyen pour les dix-huit premières années est de 5 015 000 $ canadiens, tandis que le dernier bilan annuel de 1994 fait état, non d'une amélioration, mais d'un déficit de 10 221 000 $ canadiens. La dette olympique, qui était de 386 M $ au 31 octobre 1992, atteignait donc 406 M $ un an plus tard et 419 M $ en 1994. Il est difficile d'entrevoir un allégement de cette masse, puisque le financement continu de la dette est déjà planifié jusqu'en 2013 et que 203 M $ de la dette sont financés en dollars américains…

On ne s'étonnera donc pas, d'après les études de ce groupe de spécialistes, de voir gonfler encore, presque vingt ans après les Jeux de Montréal, le coût de construction des installations olympiques :

– au 31 octobre 1991 : 1 345 109 000 $
– au 31 octobre 1992 : 1 379 205 000 $
– au 31 octobre 1993 : 1 392 500 000 $…

D'autres doutes viennent à l'esprit quand on quitte de l'œil le coût des Jeux de Montréal pour examiner les retombées qu'ont entraînées les Jeux les plus récents. Commençons par les Jeux de 1992 à Barcelone. De l'avis de la journaliste Susannah Vesey, qui consacre de nombreux et pénétrants articles à l'activité olympique, tout n'évolua pas comme prévu dans la relation entre Barcelone et l'olympisme. Au départ, Barcelone et l'Espagne, s'il est permis de le dire, espèrent… le Pérou. Dès 1993, la situation économique, pour diverses raisons, diffère douloureusement de ce qu'on attendait : endettement, récession, chômage.

Tout de même, dira-t-on, le tourisme a profité des Jeux, non ? Pas si simple. D'une part, dit la journaliste Vesey, la peseta espagnole atteignit pendant les Jeux de Barcelone le taux élevé de 0,98 $ US, ce qui pouvait sembler avantageux pour le pays. D'autre part, l'Espagne, à cause de ce taux de change, fut partout décrite comme une destination touristique passablement onéreuse. Par conséquent, résultats ambigus. D'un côté, des résultats touristiques immédiats de bon niveau : 31 % de hausse du nombre de touristes espagnols et étrangers à Barcelone. De l'autre, un retour rapide à des hausses plus raisonnables : 9 % en 1994.

« Ce n'est déjà pas si mal ! » dira-t-on. En effet. Malheureusement, de l'avis même des experts espagnols du tourisme cités par la journaliste Vesey, il n'est pas du tout assuré que les Jeux de Barcelone soient clairement responsables des hausses survenues dans l'achalandage touristique.

> Plus vraisemblablement (selon le représentant du tourisme espagnol à Miami), ils découlent de la dépréciation de la peseta et du déclin qu'ont subi les destinations fréquentées par les Européens – la Yougoslavie et l'Afrique du Nord – en raison des tensions civiles.

> À l'été 1993, la peseta avait perdu 20 % de sa valeur. Elle vaut maintenant 0,81 ¢ US[4].

Ce bref bilan du tourisme suscité en Espagne par les Jeux de Barcelone s'intègre à un reportage plus ample, consacré aux prochains Jeux d'Atlanta, et dont le titre, à lui seul, exprime une prudence à laquelle Québec 2002 ne nous a pas habitués : *Impact of Olympics won't be known until long after athletes leave* (Les retombées des Jeux ne seront connues que longtemps après le départ des athlètes)[5].

Si les retombées des Jeux de Barcelone sont encore imprécises quatre ans après, et si la méthodologie économique applicable aux Jeux d'Atlanta se reconnaît flottante, on imagine sans peine qu'il n'est pas facile de dégager dès maintenant un bilan complet des Jeux de Lillehammer (1994). Néanmoins, la revue de presse du CIO montre déjà, en tout cas, que les promoteurs n'ont pas tous encaissé, loin de là, les bénéfices escomptés. Citons d'abord Zurich.

Un an après les Jeux, déclare Richard Reich, Lillehammer nage en pleine ambivalence : d'un côté, la nostalgie ; de l'autre, l'espoir bien incertain d'accueillir de nouveau les Jeux. On admet, par exemple, que les équipements construits à l'occasion des Jeux permettent à la ville d'accueillir des événements qui, sans cela, auraient eu lieu ailleurs. On constate, en contrepartie, que ces mêmes équipements ne servent pas à pleine capacité. Oui, on a maintenu les 384 emplois promis par les Jeux ; non, il n'y a pas de progrès socio-économique global[6].

Divers journaux allemands dressent un bilan comparable de Lillehammer un an après. Storgata, l'artère centrale de Lillehammer, est revenue à son calme habituel, car la majorité des restaurants sont vides ou fermés. Les équipements construits à l'occasion des Jeux rendent des services à la population locale, mais leur administration est « dans le rouge ». Le maire, conscient du problème, rêve de présenter dans sa ville les championnats mondiaux de ski en 2001 et peut-être même les Jeux de 2010 ou de 2014. Le bilan que dresse quant à elle la première ministre Gro Harlem Brundtland

semble ne contenir que la colonne de l'actif :
la Norvège fut une superbe hôtesse, le
tourisme norvégien progresse et le pays tout
entier a davantage confiance en ses
moyens[7].

Un autre journal, de Francfort cette fois,
présente un bilan analogue. D'un côté, oui,
les villes voisines pourvues d'équipements
sportifs grâce aux Jeux de Lillehammer en
profitent toujours. De l'autre, raconte le journaliste, Lillehammer se retrouve avec des
hôtels vides, des équipements sportifs voués
à d'éternels déficits et même des installations – comme le centre de presse – qu'on
n'utilisera jamais à pleine capacité. D'après
ce journaliste, Matthias Huthmacher, « personne, à Lillehammer, ne manifeste de
grand enthousiasme à l'idée de ramener les
Jeux à Lillehammer en 2010 ».

Par-delà ces regards journalistiques,
d'autres examens, beaucoup plus approfon-
dis, ont porté et portent encore sur les
retombées de telle ou telle « expérience
olympique ». Parmi ces examens se range la
fascinante comparaison qu'effectue le sociologue norvégien Dag Leonardsen entre
« Lillehammer avant » et « Lillehammer
après ». Le texte, qui n'a rien d'une charge
ni d'une canonisation, multiplie les nuances
éclairantes. Accordons une attention particulière à ce qu'il affirme sur la création
d'emplois par les chantiers olympiques.

Leonardsen, fort méthodique, se demande d'abord si les Jeux ont transformé Lillehammer en « ville champignon ». Réponse : oui et non.

Oui, si l'on s'en tient à l'ampleur des investissements. En l'espace de trois ans, dit-il, on a dépensé là l'équivalent de ce que coûte un développement de vingt ans. Oui encore, déclare Leonardsen, si l'on regarde les choses du point de vue de l'« ouverture au monde ». Il rejoint par là ce que nombre d'analystes québécois avaient observé après l'Exposition universelle de 1967 : mentalement et culturellement, les Jeux ont modifié Lillehammer, tout comme 1967 avait changé Montréal.

La contrepartie, selon Leonardsen, est malheureusement très lourde. Même au moment où la construction des installations olympiques battait son plein, jamais Lillehammer ne bénéficia d'une hausse de plus de 1 200 emplois. Jamais il n'y eut plus de 400 emplois rattachés aux Jeux proprement dits. En six ans, la population de Lillehammer, petite ville d'à peine 30 000 âmes, n'a augmenté que de 6,8 %. Tout au plus la ville a-t-elle pu observer, sans en profiter vraiment, un afflux de travailleurs et de spécialistes « étrangers » qui n'ont pas dépensé grand-chose localement.

En somme, on peut, au mieux, décrire la période de construction préalable aux Jeux comme une « opération chirurgicale ». Ce fut *high tech,* coûteux, concentré, territorialement circonscrit et professionnel[9].

En somme, la construction des équipements olympiques, si elle meuble physiquement Lillehammer, n'a pas nécessairement eu des retombées si favorables pour la population. Contrairement aux prévisions, la participation locale fut médiocre, non par manque d'intérêt du milieu, mais par suite de l'intrusion des poids-lourds de l'extérieur. Non seulement, note Leonardsen, le travail de construction fut effectué par des gens de l'extérieur, mais on créa moins d'emplois que prévu et le taux de chômage *augmenta à Lillehammer* pendant presque toute la période de préparation des Jeux.

> Au total, on débouche donc sur un sentiment d'impuissance, de déficit démocratique et – pour tout dire en un mot – sur un sentiment d'aliénation. Les gens eurent l'impression que quelque chose se passait dans leur ville, mais sans leur participation et hors de leur contrôle[10].

Quand on apprend que le chômage a augmenté à Lillehammer pendant les années précédant les Jeux, que le nombre d'emplois créés pendant la période de construction la plus intense a été bien moindre que prévu et qu'une proportion considérable du travail a été effectuée par des spécialistes venus de l'extérieur de Lillehammer et qui n'ont guère eu le temps de dépenser quoi que ce soit dans la région, c'est avec un certain étonnement qu'on prend connaissance des prévisions élaborées par le CRAD et transmises au Conseil des ministres.

> L'étude (du CRAD) conclut que 94 % des 13 500 emplois créés ou maintenus au Québec le seraient à partir de 1998 jusqu'en 2002. On souligne également que près de 65 % de ces emplois seraient de longue durée étant occupés par des techniciens et des administrateurs chargés de préparer les Jeux ou encore par des travailleurs de la construction.
>
> Selon les données, en 2002, en plus des bénévoles, policiers et soldats, soit près de 10 000 personnes, et des 8 000 journalistes, environ 9 300 personnes occuperaient un emploi rémunéré, à temps partiel surtout, à la charge du comité organisateur ou de ses fournisseurs[11].

On revient ainsi aux questions initiales. Sur quoi, diable, s'est-on basé pour croire à la possibilité de faire venir les Jeux de 2002 à Québec ? A-t-on vraiment cru à cette possibilité ? À partir de quoi a-t-on cru à la possibilité de s'en tirer avec des profits ? Comment a-t-on convaincu les pouvoirs politiques ?

Ces questions se posent avec d'autant plus de pertinence que le ministre Marc-Yvan Côté et, à sa suite, le gouvernement

Bourassa se sont satisfaits de l'argumentation présentée par Québec 2002 et ont ap-
puyé la candidature de Québec. Le gouvernement Parizeau n'a d'ailleurs pas modifié
cette étonnante trajectoire puisqu'il a poussé
le soutien jusqu'à prendre d'avance à sa
charge les déficits – bien improbables, a-t-on
dit, mais quand même toujours possibles ! –
qui pourraient résulter de la présentation
des Jeux de 2002. Visiblement, les promoteurs de Québec 2002, s'ils souffrent d'euphorie galopante, savent au moins la faire
partager à beaucoup de monde !

11

Un beau cas d'endossement « spontané »

Un endossement particulier obtenu par Québec 2002 mérite l'attention : celui de l'université Laval. Cet endossement est aussi net dans les dernières étapes du cheminement qu'il était imprécis au départ. Encore faudrait-il savoir pourquoi.

En février 1992, Québec 2002 commet un texte aussi imprécis et jargonneux que possible, intitulé *Étude de faisabilité intérimaire pour la mise en candidature de la ville de Québec pour les Jeux olympiques d'hiver de 2002*. (Ouf !) Entre autres gentillesses, on y apprend ceci, qui nuance ce que diront plus tard les promoteurs quant au rôle irremplaçable de l'entreprise privée : « Les travaux de rénovation ou la construction de nouvelles structures ne sont prévus que dans la mesure où il n'y a pas d'autres alternatives à partir des infrastructures existantes. Ces immobilisations devront être financées par les finances (*sic*) publiques étant donné qu'elles s'intègrent dans certains projets majeurs actuellement envisagés dans la région de Québec. » Rien là-dedans qui soit rassurant, mais au moins la philosophie de Québec 2002 s'affirme sans équivoque : on privatise les bénéfices, on socialise les coûts.

L'université Laval, bien malgré elle semble-t-il, est alors intégrée au dossier. Dans l'*Étude de faisabilité intérimaire* (titre abrégé !), on lit en effet ceci :

> L'investissement nécessaire pour ajouter aux infrastructures existantes sur le site universitaire est estimé à environ 80 000 000 $ et n'est pas inclus au rapport de faisabilité de cette mise en candidature.
>
> Nous prenons pour hypothèse que l'université construira les unités d'hébergement suffisantes pour satisfaire les exigences requises du Village olympique et qu'elle trouvera les sources de financement adéquates pour la réalisation de ce projet[1].

Devant ce texte et les autres renseignements qui lui parviennent, le recteur de l'université Laval, M. Michel Gervais, traverse

alors, j'imagine, un tunnel de « grande dou-
tance ». D'une part, il lit forcément cette
Étude de faisabilité intérimaire qui mobilise
l'université Laval de façon plutôt cavalière
et qui lui confie bon gré mal gré la construction et le financement du Village olympique. D'autre part, il a en main la prudente
Étude de potentialité de J. M. Dion & associés
(1985) sur *Les Jeux olympiques de 1996 à
Québec,* qu'une équipe de l'université Laval
spécialisée dans l'analyse de l'olympisme
vient de lui expédier. Le 27 janvier 1992,
M. Gervais répond ainsi au porte-parole de
ceux qui ont attiré son attention sur les
risques de Québec 2002 :

> J'ai lu ce rapport avec le plus vif intérêt. Il
> s'agit d'un document remarquable qui
> garde sans doute aujourd'hui toute son
> actualité.
>
> Il faudrait que le gouvernement et le pu-
> blic en général soient rendus conscients
> des implications de la tenue de Jeux olym-
> piques à Québec. Comment le faire ? J'ai-
> merais que vous me téléphoniez à ce sujet.

M. Gervais avait raison d'accorder une
grande importance à un rapport qui, dès
1985, mettait le doigt sur ce qui fut jadis, est
encore et sera toujours la pierre d'achoppe-
ment d'un projet de Jeux olympiques d'hiver à Québec : **il n'y a pas de montagne !**
La précision de ce rapport Dion justifie
qu'on le cite sans lésiner.

Le ski alpin

Les exigences techniques pour cette prestigieuse discipline des Jeux olympiques d'hiver présentent des aspects et des problèmes particuliers.

Le tableau 19 fait état de certaines des spécifications techniques de la Fédération internationale de ski (en date de 1983), pour les épreuves de descente, de slalom et de slalom géant. À la lecture du tableau, on peut d'abord constater que les exigences de dénivellation et les particularités des pentes sont différentes selon qu'il s'agit d'épreuves féminines ou masculines et selon le calibre de la compétition. On notera cependant que les exigences d'ensemble, au plan des caractéristiques physiques de l'équipement, sont toujours les plus fortes lorsqu'il s'agit des Jeux olympiques. Il importe de souligner d'une manière toute particulière que l'épreuve de la descente olympique chez les hommes nécessite de nos jours une dénivellation minimale de l'ordre de 800 mètres.

Au Tableau 20 sont présentées les caractéristiques des pentes de ski destinées aux épreuves de descente des quatre Jeux olympiques précédents. On constatera qu'aux Jeux de Grenoble, de Sapporo, d'Innsbruck, de Lake Placid et de Sarajevo, les monts utilisés satisfaisaient à toutes fins utiles aux exigences de dénivellation. La moyenne de 823 m, pour la descente chez les hommes, se situait en effet aisément au-delà du minimum de 800 m de dénivellation prescrit encore de nos jours par la FIS. La pente moyenne fut pour sa part de l'ordre de 29 % (ou 15,6°), toujours pour la même discipline chez les hommes. [...]

Les données relatives aux *lignes de meilleure pente* du site de Petite Rivière Saint-François sont aussi fournies, à titre comparatif, au bas du Tableau 20. On pourra constater que dans l'état actuel de la géographie physique du site, la ligne de meilleure pente à la *Montagne à Ligouri,* avec ses 745 m de dénivellation, est la seule, dans la région immédiate de Québec, qui se rapproche du minimum de 800 m requis par la FIS pour la descente masculine. À noter cependant que la pente n'y est que de 22 % (ou 12°) par rapport à la moyenne de 29 % (ou 15,6°) qui a prévalu aux quatre Jeux précédents. *Au Cap Maillard,* le pourcentage de pente est convenable à 30 % (ou 16°) ; malheureusement la dénivellation y est insuffisante par quelque 150 m en ce qui concerne l'exigence de dénivellation en vue de la descente masculine olympique.

De cet état de fait découle, pour les instigateurs d'un éventuel projet de mise en candidature de la ville de Québec, la nécessité de s'assurer, auprès de la FIS, qu'il y a *possibilité* d'homologation de l'un ou l'autre des sites actuels (ou projetés), en vue de l'épreuve de *la descente* dans la prestigieuse discipline du ski alpin[2]. [Les italiques sont ceux de l'étude.]

On peut présumer, par le ton de ses premières réactions, que le recteur Gervais avait correctement interprété ce passage comme l'équivalent d'un feu orange et peut-être même rouge. Les promoteurs de Québec 2002, quant à eux, ne virent là (ou prétendirent ne voir là) que des critiques superficielles ou anachroniques. À preuve cet extrait d'une lettre que m'adressait le 25 octobre 1994 Hélène Latouche, vice-présidente, communications et marketing, de Québec 2002, à la suite d'un de mes commentaires publics où je citais le rapport Dion :

[...] Concernant la montagne, il est vrai que dans un rapport datant de janvier 1985, M. Jean-Marc Dion soulevait déjà la difficulté de trouver une montagne pour l'épreuve de descente masculine.

Ce rapport n'a jamais été caché, bien au contraire, c'est sur la base même de ce rapport que nous avons décidé de solliciter un avis de la Fédération internationale de ski (FIS) avant de poser notre candidature à l'échelle canadienne en 1992. Si la FIS avait rejeté le projet à ce moment, Québec n'aurait jamais posé sa candidature.

C'est sur la foi d'un rapport écrit de Bernhard Russi, de la FIS, sur le site proposé pour la descente masculine, datant de novembre 1992, que nous avons décidé d'aller de l'avant. « La dénivellation réglementaire de 800 mètres peut être obtenue avec l'érection d'une rampe de départ. Toutes les exigences de la FIS peuvent être rencontrées. »

D'autres études datant de 1992 confirment également le potentiel réel de la montagne proposée (re : Lorne O'Connor, Ski Canada/FIS, janvier 1992 et juillet 1992).

Il est important de noter que l'étude de Dion se limitait aux centres de ski existants et que ses conclusions référaient surtout à l'absence d'un dénivelé de 800 mètres. Or, nous savons aujourd'hui que la principale difficulté ne réside pas tant dans le dénivelé, qui peut être obtenu au moyen d'une rampe de départ, mais bien dans le caractère varié et accidenté de la montagne.

Les critères et exigences de FIS ont évolué depuis 92 et évolueront encore jusqu'en 2002. Ce dossier n'était pas gagné d'avance et nous le savions dès le départ. Mais si nous avons continué à cheminer avec autant de ténacité, ce n'était ni de l'improvisation ni de l'entêtement, mais bien la conviction, fondée sur l'avis d'experts qualifiés et sur les autorités concernées au sein du mouvement olympique, que la solution était à notre portée.

Pareil plaidoyer comporte tant d'inexactitudes qu'on résiste mal à la tentation de crier à la mauvaise foi.

1. Le rapport Dion était connu, oui, de Québec 2002. À en juger par le nombre de journalistes qui en ont appris l'existence quand je l'ai cité dans *Le Soleil* et qui m'ont demandé mon exemplaire, j'ai peine à croire que Québec 2002 ait largement diffusé le document. Je constate par ailleurs que Québec 2002, au moment de présenter son *Bilan de la candidature de Québec pour les Jeux olympiques d'hiver de 2002,* réserve à l'étude Dion un traitement différent de celui qu'il accorde aux documents plus favorables à la candidature de Québec. En page 2, où l'on se réfère à deux études de Morin, Dufresne et associés, aucune allusion n'est faite au rapport Dion. En page 60, le même *Bilan* donne une idée de l'ampleur des autres études, mais réduit à rien les références au rapport Dion. Est-ce un hasard ? J'y crois autant qu'au père Noël.

2. Sans le rapport Russi, publié en novembre 1992, Québec n'aurait pas posé sa candidature ? Allons donc ! Qu'on relise le mémoire présenté au Conseil des ministres (p. 1) : « Finalement en décembre 1991, le maire de la ville de Québec, M. Jean-Paul L'Allier, accepta de soumettre la candidature de sa ville… » Aussi bien qualifier M. L'Allier d'extralucide.

3. « Il est important de noter que l'étude

de Dion se limitait aux centres de ski existants et que ses conclusions référaient surtout à l'absence d'un dénivelé de 800 mètres. » Faux. Qu'on relise Dion. Le tableau 21 ne fait pas référence aux centres existants, mais à la ligne de meilleure pente. Par ailleurs, Dion insiste sur le fait que les pentes de la montagne à Ligouri ne sont que de 22 % (ou 12°) contre une moyenne de 29 % (ou 15,6°) pour les quatre derniers Jeux olympiques.

Comme, malgré tout, Québec 2002 continue sa désinformation, on comprendrait M. Gervais de ne plus trop savoir qui et quoi croire. Jugeant peut-être que ce travail de sape devenait trop efficace à l'intérieur de la machine universitaire, la même équipe d'experts en olympisme renouvelle sa mise en garde en expédiant cette fois au recteur Gervais un certain nombre de renseignements sur les « succès » financiers mitigés des Jeux d'Albertville, en France, et de Lillehammer, en Norvège. De nouveau, M. Gervais semble pencher du côté de la prudence.

Cher collègue,

Je vous retourne vos documents. Quelle aventure et en France et en Norvège ! Nos amis devraient lire ces choses. J'avais déjà lu l'article du *Monde diplomatique*. Après l'expérience de Montréal et celle des autres villes, comment peut-on lancer notre société, qui est en grande difficulté sur le plan économique, dans une direction aussi périlleuse ?

Bravo pour votre communication. J'ai écrit un petit mot de rappel à M. [Roland] Arpin [membre du Conseil d'administration de l'université Laval et qui sera aussi un des « surveillants » de Québec 2002].

Que se passe-t-il, par la suite, qui soit de nature à transformer un prudent recteur en un enthousiaste partenaire de Québec 2002 ? Il n'est pas facile de trancher. Ce qu'on sait, d'entrée de jeu, c'est que le changement de cap de l'établissement universitaire ne résulte pas d'un quelconque débat au Conseil d'administration de l'université. Le professeur Michel Pigeon, qui représente les professeurs à ce Conseil d'administration, s'en plaint d'ailleurs amèrement dans une lettre expédiée à ses confrères et consœurs.

Le 9 mars 1993

Chères et chers collègues,

Vous n'êtes pas sans savoir que les séances du **Conseil d'administration** se tiennent à huis clos. Cependant, et c'est ce qui me permet de vous écrire, tous les documents distribués sont publiés et toutes les décisions prises aussi.

[...]

J'ai gardé pour la fin la question des relations entre l'Université Laval et la Corporation des Jeux d'hiver de Québec 2002. Dans un document déposé séance tenante, j'ai appris que l'Université Laval avait fait savoir qu'elle était prête à conclure, en temps et lieu, des ententes avec cette corporation concernant, entre autres, la construction du Village olympique sur son territoire. J'avoue que j'ai été un peu surpris, et déçu, que le conseil n'ait pas été consulté plus tôt sur cette question qui, à mon avis, aurait mérité un bon débat de fond. Malgré toutes les retombées positives dont il semble que nous bénéficierons, je reste encore à convaincre de l'opportunité de tenir cet événement à Québec, plutôt que d'investir nos efforts et nos ressources dans du développement plus durable et plus près du monde ordinaire. Et que penser de l'appui de l'université ?

Depuis lors, les liens n'ont fait que se renforcer entre Québec 2002 et l'université Laval, sans qu'on sache avec certitude sur quel chemin de Damas étaient tombés le recteur Gervais et son Conseil pour recevoir pareille ration d'illumination olympique.

Une assez déprimante hypothèse mérite cependant considération : celle de discrètes et efficaces pressions de Québec 2002 sur l'université Laval. Il est patent, pour m'en tenir à un exemple, qu'un vice-recteur adjoint de l'université Laval, M. Jean Lemieux, a multiplié et multiplie toujours les interventions pour entretenir à Québec et à l'université Laval la frénésie olympique. Pas même question à ses yeux de laisser passer les Jeux de 2006. Et cela, sans avoir reçu le moindre mandat de son université et avant même une candidature de la ville de Québec ! Bien sûr, M. Lemieux trouve des oreilles attentives.

> C'est un mauvais conseil, un comportement pour un enterrement de première classe, s'insurge un spécialiste du sport amateur. Si Québec n'est pas candidate pour 2006, le travail de « défrichage » sera à recommencer pour 2010. Jean Lemieux a raison. Il faut accepter les règles du jeu et imiter Salt Lake City, candidate à cinq reprises. C'est une question de garder le contact, de le renforcer. Parce que cette aventure se résume à une affaire de relations publiques et de confiance[3].

Si le texte de Claude Larochelle ne permet pas de distinguer qui parle et qui interprète, celui d'un autre journaliste, François Bourque, ne laisse aucune équivoque :

> Plusieurs membres du CIO ont émis des doutes sur la faisabilité de la descente au cap Maillard. Pour dissiper ces doutes et établir la crédibilité du projet, il faut construire la piste de ski et y tenir des compétitions, croit M. Jean Lemieux, vice-recteur

à l'université Laval et acteur important de la candidature de Québec 2002[4].

Ce qui étonne et choque dans le comportement de M. Lemieux, ce n'est pas qu'il ait une opinion quant à la stratégie à suivre pour attirer enfin à Québec les « avantages olympiques ». Ce n'est pas qu'il fasse plus confiance au marketing qu'à la réalité des montagnes. C'est qu'il se conduise comme s'il n'était pas un gestionnaire de l'université Laval. C'est qu'il compromette d'avance l'université Laval dans un nouveau Québec 2002. À partir d'un tel comportement, peut-on raisonnablement penser que M. Lemieux a peut-être pu, dans le passé, par enthousiasme, par distraction ou à la suite d'échanges stimulants avec les promoteurs de Québec 2002, forcer la main de son recteur et mobiliser l'université Laval malgré elle ?

Si tel est le cas, il faut conclure que M. Lemieux ne se souvient pas qu'il faisait partie de ceux qui, en janvier 1993, incitaient par écrit le recteur Gervais à la plus grande prudence.

Ce que M. Lemieux ne peut pas avoir oublié, en revanche, c'est l'argumentaire qu'il expédiait au recteur Gervais le 29 avril 1994 en préparation au Comité de direction (CODIR) du 2 mai 1994. Citons.

[…]

1. La possibilité que Québec se voie

accorder les Jeux n'est pas très élevée mais elle existe tout de même. [...]

6. Si l'on « manœuvre » bien, le projet, qu'il se réalise ou non, pourrait nous rapporter de bons fruits tant sur le plan politique qu'économique. [...]

7. Une « fausse manœuvre » pourrait nous être très coûteuse politiquement et économiquement. [...] Un tel geste pourrait influencer la campagne de financement à venir de façon fort négative. Cela donnerait à certains une bonne raison «de ne pas donner », n'ayant pu « recevoir ». [...]

15. Bien que cela ne soit pas un argument, je dois vous dire que personnellement, je serais fort mal à l'aise si l'université décidait de ne pas participer à la préparation de la candidature des Jeux d'hiver de Québec 2002. Les positions que j'ai été amené à prendre et les discours que j'ai dû tenir au cours de la dernière année, à partir de ce que j'ai cru être la position de l'Université, ne concorderaient pas avec une telle décision. Je sais que ce sont là les aléas de quelqu'un qui se trouve dans ma position et je n'en tiendrais pas rigueur à qui que ce soit si la décision était négative. Toutefois, je ne pouvais vous taire ma préoccupation.

Ainsi, M. Lemieux, qui admet avoir trop parlé dès 1993 et 1994, s'entête à récidiver en

1995. Il continue, comme le montrent les propos qu'il tient aux journalistes Larochelle et Bourque, à impliquer l'université Laval dans l'aventure olympique. Est-il excessif de penser, à partir de débordements qui choquent souverainement plusieurs de ses collègues universitaires, que M. Lemieux a contribué avec une trop efficace maladresse au dérapage de l'université Laval dans le désastre de Québec 2002 ? Est-il raisonnable de penser, malgré le diplôme de parfaite transparence que se décerne Québec 2002, que certaines pressions occultes se sont exercées ? Comment croire que M. Lemieux fut seul à subir des pressions et à les répercuter au sein des instances décisionnelles de l'université Laval ? Est-il paranoïaque de redouter que les maquignonnages survenus à l'intérieur de l'auguste appareil universitaire et que révèle malgré lui M. Lemieux aient eu des équivalents tout aussi clandestins, aussi efficaces et aussi peu olympiques à l'intérieur d'autres réseaux, comme celui du gouvernement ou du Mouvement Desjardins, et que certains partenaires aient quelque peu manqué de spontanéité ? Chose certaine, les promoteurs de Québec 2002, M. Lemieux compris, ont réussi à vendre à des gens présumément avisés un dossier qui était, au mieux, de qualité douteuse. Sincères ? Je ne sais. Transparents et démocrates ? Certainement pas.

Le pire, c'est que ni M. Lemieux ni les autres promoteurs de Québec 2002 n'ont tiré la moindre leçon du désastre qu'ils ont provoqué. Le secrétariat de Québec 2002, en date du 10 juillet 1995, expédiait la circulaire suivante aux centaines de bénévoles que l'organisation venait d'humilier :

> Que de travail impeccable accompli en si peu de temps ! [...]
> De nombreux membres du CIO, des dirigeants de fédérations internationales, des journalistes et même nos homonymes [?] des autres villes candidates ont vanté notre originalité et notre professionnalisme. Ils étaient d'ailleurs unanimes : Québec présentait un projet « olympique » unique et extraordinaire [...].

Quant au *Bilan de la candidature de Québec pour les Jeux olympiques d'hiver de 2002,* il prétendit, comme si de rien n'était, que Québec méritait mieux, que la critique du projet de descente masculine n'était que « persiflage négatif », que l'évaluation faite des villes finalistes par le CIO avait classé « implicitement » Québec en deuxième place, que la proposition du Cap-du-Salut pour la descente était imputable à un trop grand « empressement » dont les promoteurs québécois n'étaient évidemment pas responsables, etc. Après avoir admis (p. 33) que « le total de l'effort de communications et marketing de la Société [de Québec 2002], de 1993 à 1995, [atteignait] 5,4 M $ », les promoteurs de Québec 2002 en arrivaient à la conclusion qu'ils devraient, la prochaine fois, accorder plus d'importance à la promotion et moins à la transparence ! D'où leur ferme résolution d'en cacher davantage la prochaine fois.

> Le dossier de candidature de la Société misait sur les faits et la transparence. Tout y était dit, autant les points forts que les points faibles. Sans renier les faits, il y a lieu d'adopter un style de rédaction plus promotionnel qui fait ressortir les points forts (p. 56).

En lisant ces inepties, on n'ose prévoir ce que seront la prochaine fois les tractations souterraines, le salissage des opposants, la satellisation des médias, la mobilisation des petites élites locales, le matraquage des réseaux scolaires... Il y a longtemps qu'on a « renié les faits » et que le style de rédaction de Québec 2002 a substitué systématiquement la propagande à l'information et la restriction mentale à la transparence minimale.

On affirmera, bien sûr, comme Québec 2002 l'a d'ailleurs fait depuis le commencement de son opération intoxication, qu'une telle critique n'est que persiflage attribuable à ma négativité. À ceux et à celles qui auraient tendance à accepter ce verdict, je dis : « Lisez donc ce que les membres du CIO disent du style de promotion adopté par Québec 2002 ! » Voyons, à titre d'illustration, un seul des commentaires reçus après coup par le maire de Québec, M. Jean-Paul L'Allier, celui d'un des vice-présidents du CIO, l'Australien R. Kevan Gosper :

[…]

e) Les aspects négatifs au sujet de Québec furent :

i) l'incertitude quant à la séparation du Québec français…

ii) le dossier de la « descente » malgré vos efforts pour le corriger.

f) Votre équipe de promotion était professionnelle et clairement orientée [*focussed*] – mais elle a été perçue comme un peu trop agressive à l'égard de votre principale rivale nord-américaine. Le CIO préfère la concurrence positive à la négative.

g) Il y eut incertitude dès le départ au sujet des équipements requis par la luge et le bobsleigh.

h) Vous semblez avoir suivi la même voie que Manchester 2000, en gonflant localement vos grands espoirs [*« talked up » your expectations locally*] sans effectuer une évaluation suffisamment rigoureuse de votre véritable concurrence[5].

D'autres commentaires iront dans le même sens et souligneront à peu près toujours les mêmes faiblesses : suffisance désa-

gréable, dossier de la descente peu convain-
cant, situation politique floue, avance prise
par Salt Lake City... N'en déplaise aux
imperturbables propagandistes de Québec
2002, R. Kevan Gosper ne sera pas le seul,
loin de là, à faire état de l'arrogance
(d'autres parleront d'individus *cocky*...) affi-
chée par Québec 2002.

À ce « persiflage », Québec 2002 répond
à toutes fins utiles ceci, en oubliant probablement qu'il s'en prend maintenant aux
olympiens membres du CIO et non plus
aux minables journalistes locaux : « Nous
n'avons jamais été arrogants. Ce n'est tout
de même pas notre faute si nous sommes
infaillibles... »

Soyons donc inquiets : les responsables
du désastre de Québec 2002 nous pro-
mettent de faire encore mieux la prochaine
fois.

12

Une information schizophrénique

Deux ou trois principes d'inspiration populaire suffisent pour évaluer ce que fut l'information journalistique sur Québec 2002. Le premier : « La victoire a beaucoup de parents. C'est l'erreur qui est orpheline. » Le deuxième : « Quand on fait partie de la procession, il est difficile de la décrire. » Le troisième pourrait être : « Quand on ne sait pas qu'on ne sait pas, on manque de motifs pour apprendre. »

Allons-y dans l'ordre, même si ces principes s'interpénètrent. Au lendemain de la décision de Budapest, qui montrait à quel point Québec 2002 avait leurré, sciemment ou non, tous les publics québécois, à commencer par les décideurs politiques et institutionnels, d'innombrables analystes sortis tout à coup de leur terrier jetaient les hauts cris. Ils n'en revenaient tout simplement pas qu'on ait gaspillé une douzaine de millions pour ne recueillir que 7 des 89 voix du CIO. C'était honteux, inadmissible, scandaleux. Cela, bien sûr, méritait une autopsie à laquelle, bien sûr, ils se livraient déjà à partir, bien sûr, des multiples preuves déjà offertes de leur clairvoyance et de leur compétence.

Qu'il faille un rigoureux *post mortem,* cela ne fait d'ailleurs pas de doute. Faire rêver une population et la laisser ensuite cuver sa déception, cela relève d'une si répugnante et si dangereuse démagogie que, oui, il faut savoir jusqu'à quel point les vendeurs de rêve savaient ce qu'ils faisaient. Là-dessus, la presse a raison.

Le problème, c'est que, quelques jours à peine avant la date fatidique, la même presse, à peu d'exceptions près, partageait l'euphorie trompeuse de Québec 2002 et continuait à présenter le mauvais bout de la fourche à l'une des très rares opposantes aux Jeux, la mairesse de Sainte-Foy, madame Andrée Boucher. Personne ou presque ne jugeait éléphantesque la délégation de 130 personnes expédiée à Budapest pour assurer (?) la victoire québécoise. Personne n'invitait le premier ministre Parizeau ou la ministre Sheila Copps à bouder Budapest et à consacrer plus de temps aux choses essentielles qu'à un improbable triomphe québécois. Chaque journaliste, guidé, qui par ses recherches personnelles, qui par les infaillibles spécialistes de Québec 2002, supputait savamment les chances de Québec de triompher dès le premier tour ou, au pire, au deuxième. Les candidatures européennes – cela n'avait même pas suscité de controverse – avaient été larguées depuis longtemps, ne laissant dans la course que les poids-lourds : Québec et Salt Lake City. « L'olympisme ? S'agit de le comprendre ! »

Nul, dans les médias, ne voyait avant Budapest de motif de dépression ou d'inquiétude. Après tout, « on » savait bien que le CIO n'attacherait aucune importance aux tensions constitutionnelles du Canada. « On » savait, de façon tout aussi certaine, que les quelques petites réticences momentanées de la Fédération internationale de ski et du CIO au sujet de la descente masculine étaient depuis longtemps résorbées, balayées, disparues. N'avait-on pas non pas un, mais deux tracés dûment bénis par toutes les autorités concernées ? La presse québécoise tombait d'accord sur la toute-puissance de l'arme secrète qu'allait utiliser Québec 2002 à Budapest : l'impériale Myriam Bédard elle-même, tout comme la presse faisait l'unanimité quant aux dons (réels) de persuasion du maire de Québec.

Le jour même des présentations, l'unanimité sévissait toujours chez les journalistes québécois : la présentation du Québec avait été « pleine d'émotivité », ce qui voulait sans doute dire que Québec méritait la première place. D'où, de la part de tous les médias, l'invitation pressante à bien remplir la Place d'Youville où un écran géant livrerait, à 13 h 20, le bulletin de la victoire... Entre coller à l'événement et coucher dans le même lit que les promoteurs, cherchez la différence.

En somme, l'euphorie classique de Québec 2002 s'était transmise aux comptes rendus journalistiques. La pensée positive des promoteurs, selon lesquels *quand on veut on peut,* avait purifié la presse de ses honteuses tendances à la critique et au scepticisme. D'un seul souffle, la presse donnait donc rendez-vous à tout le Québec : « Aujourd'hui, c'est notre tour[1] ! »

Sitôt lâché le laconique « Salt Lake City » du président Samaranch, la presse troqua le rôle de porte-drapeau contre celui de carnassier. Nous en sommes encore là. Au lieu d'admettre lucidement qu'elle avait, elle aussi, bêtement cédé au lessivage de cerveaux savamment et vicieusement pratiqué par Québec 2002, qui a soigneusement isolé, discrédité, sali les réticents, la presse a entrepris de trouver en dehors de ses rangs les responsables de la déconfiture. De fait, plusieurs de ces responsables n'ont rien à voir avec les médias, mais cela n'autorise pas la presse à s'aveugler sur ses propres faiblesses. Elle aura été, depuis le tout début de cette aventure jusqu'au douloureux aplatissement du rêve, plus complice que critique, plus proche des promoteurs que des intérêts du public.

Il faut dire, à la décharge de la confrérie journalistique, que les propriétaires de médias avaient déjà, quant à eux, agi exactement comme s'ils voulaient restreindre la liberté de manœuvre de leurs journalistes. Ils étaient presque tous devenus, en effet, de très officiels commanditaires des Jeux de 2002. Au nom du bien commun, nous diraient-ils sans doute. Le problème, c'est que, dès l'instant où des médias deviennent les commanditaires officiels d'un quelconque événement, l'information perd de sa crédibilité, et que les journalistes sont soumis à des pressions supplémentaires, dont celle de l'autocensure. Cela, peu de patrons de presse d'aujourd'hui semblent le savoir. S'ils le savent, ils le cachent bien. Ils vont donc aujourd'hui bien au-delà de la simple publicité : ils commanditent les événements à qui mieux mieux. Et les « couvrent » ensuite.

Dans le cas de Québec 2002, les promoteurs ont délibérément veillé à conscrire une majorité de médias. Ils en ont d'ailleurs glorieusement fourni la liste. Ils ont multiplié les efforts pour convertir les animateurs et les journalistes en fervents défenseurs de la candidature québécoise. Surtout, ils ont établi avec les médias des passerelles qui leur permettaient de discuter entre gestionnaires, par-dessus la tête des journalistes et souvent à leur insu. On pouvait donc, entre gens qui savent compter, exprimer des doutes sur la pertinence ou l'objectivité (mais oui !) de tel reportage sur Salt Lake City… Dans la plupart des cas, les promoteurs de Québec 2002 n'eurent pas d'effort à faire pour gonfler leur liste de partenaires médias, car les médias ignorent désormais le principe pourtant élémentaire selon lequel *pour décrire la procession, il faut être en dehors.* De quoi ces médias ont-ils l'air aujourd'hui quand s'impose la nécessité d'une sérieuse enquête sur ce que fut Québec 2002 ? Sont-ils à l'aise pour mener l'indispensable enquête journalistique sur le désastre ? Peuvent-ils expliquer sereinement pourquoi ils ont été, pendant toute cette aventure, incapables d'échapper à la manipulation ? Le feront-ils ? Le public pourrait-il croire à une enquête des médias sur Québec 2002 ?

Toutes ces questions mènent à une seule conclusion : un média ne doit pas être le commanditaire d'un événement qu'il a le devoir d'évaluer. Quand j'ai rappelé ce principe pourtant simple au rédacteur en chef d'un quotidien grand format de la vieille capitale, il a eu l'air étonné : « Mais tous les médias font cela ! » Selon lui, visiblement, un autre principe s'applique : « Tout le monde le fait. Fais-le donc ! » Splendide !

N'oublions tout de même pas, dans ce superbe et presque universel dérapage, les journalistes eux-mêmes. Ceux de la presse sportive au premier chef, mais un certain nombre d'autres aussi. Je me suis d'ailleurs permis de le dire aussi explicitement que possible lors d'un débat organisé par la Fédération professionnelle des journalistes du Québec, section de Québec, et portant sur la couverture de presse du projet Québec 2002. J'y étais l'un des trois participants et j'ai dit ceci :

Comme déclencheur, voici une série d'affirmations en rafale. Plusieurs d'entre elles demanderaient des nuances. J'y viendrai si la discussion m'y invite.

1. Le journaliste ne peut pas être trop critique. Il peut seulement manquer de rigueur.

2. Le journaliste comme tel n'a aucun devoir de solidarité régionale. Sa contribution à la région est de rendre les citoyens plus avertis.

3. Les médias, étant des entreprises, peuvent manifester une solidarité avec la région, mais ils ont tort s'ils le font au détriment de la liberté d'action des

journalistes. La commandite comporte ce risque.

4. Face à Québec 2002, les journalistes, comme d'ailleurs la société, adhèrent trop volontiers à la mythologie olympique. S'ils soulèvent des objections, elles ne portent que sur la rentabilité d'un projet qu'ils considèrent comme échappant à tout autre questionnement.

5. Trop peu de journalistes sont adéquatement préparés à interpréter les sondages ou les études universitaires sur les retombées économiques. Un modèle à imiter : Louis Falardeau de *La Presse*.

6. Presque sans exception, les journalistes du secteur des sports favorisent aveuglément tout ce que propose le sport, depuis le *kick-boxing* jusqu'à un troisième Colisée. Plusieurs confondent leur métier avec celui, très noble d'ailleurs, de meneuse de claque.

7. Quand le média est commanditaire, la marge de manœuvre éditoriale est réduite, la section sportive pavoise à volonté et les journalistes de l'information générale marchent sur des œufs.

8. Avec un média commanditaire, le risque de pressions externes grandit, surtout si Salt Lake City semble détenir trop d'atouts.

9. Avec un média commanditaire, les sondages, qui sont souvent décidés et régis par l'administration, risquent d'être plus

souvent préparés dans la perspective la plus favorable au projet.

10. Trop d'affirmations de Québec 2002 demandent à être scrutées. Ainsi de l'argent neuf. Ainsi des 50 % versés par l'entreprise privée.

11. Face à Québec 2002, les journalistes sont piégés par la stratégie de la « caution impénétrable ». On intègre nombre de personnalités rassurantes dans un comité de suivi, mais on incite fortement ces personnalités, dont aucune n'a de titre de noblesse en information, à ne rien dire des débats. D'où une pression sur les journalistes pour qu'ils fassent acte de foi. Ceux qui consentent sont des croyants, ceux qui refusent l'acte de foi ont l'air de critiquer des infaillibles.

12. Les médias ont glorifié Québec 2002 à travers un Lillehammer raconté selon le pire vedettariat « nationaleux ». Les nôtres étaient parfaits, indépendamment de la valeur réelle de la médaille.

13. Les journalistes semblent ne rien soupçonner de la contradiction entre les modèles imposés par l'olympisme et les orientations sociales contenues, par exemple, dans la philosophie de la Régie de la sécurité dans les sports.

14. Les journalistes s'insèrent dans la parade au lieu de la couvrir. Ils ont donc imposé à un maire l'obligation *politically correct* d'assister à l'arrivée d'une médaillée

de Lillehammer. Y aurait-il un crime de lèse-Myriam ?

15. Je cite, à l'intention de ceux et de celles qui ne sauraient même pas qu'il existe, le rapport Dubin :

– recommandation 1 : « ... favoriser la participation de masse aux activités sportives, sans mettre l'accent seulement sur le sport d'élite [...]. »

– recommandation 5 : « ... [que] le succès des subventions fédérales ne soit pas mesuré en fonction du nombre de médailles obtenues, mais bien du degré d'atteinte des buts sociaux, éducatifs et nationaux du gouvernement en matière de sport. »

En somme, nous avons donné le rendement d'une bonne courroie de transmission[2].

Le militantisme d'un trop grand nombre de journalistes sportifs ne s'est d'ailleurs jamais démenti. Avec le manichéisme primaire dont ils s'imprègnent en fréquentant le sport professionnel, les journalistes sportifs avaient d'avance réduit l'analyse à ses dimensions les plus simples : les esprits positifs et pragmatiques veulent les Jeux de 2002; ceux qui expriment ne serait-ce qu'une réticence feutrée sont, indubitablement et irrévocablement, des « chiâleux » et des ignares. Sur cette lancée, il ne leur restait plus qu'à exiger de tous, y compris des promoteurs de Québec 2002 eux-mêmes, toujours plus de positivisme ! Quand, par exemple, la télévision de Radio-Canada a invité le président de Québec 2002, M. René Paquet, à répondre aux questions de Marie-José Turcotte et de Gérard Potvin, journalistes de Radio-Canada, et de Carl Tardif, du *Soleil,* l'échange a pris l'allure d'un procès intenté à M. Paquet lui-même. (Je le sais, j'y étais !) Les journalistes reprochaient à M. Paquet de ne pas défendre son dossier avec une vigueur suffisante et s'étonnaient de ce que, « avec un aussi bon dossier », il ne réussissait pas à obtenir l'appui de toute l'opinion publique. On lui suggéra même assez cavalièrement de céder son poste à M. Jean Grenier, jugé plus charismatique ! Tout cela agrémenté, selon la traditionnelle objectivité (?) de Radio-Canada en ces matières sportives bien peu importantes, d'images aussi vendeuses que possible sur le tracé suggéré pour la descente masculine. Quand ceux qui ont mandat d'aider le public à se former une opinion éclairée reprochent à leur invité de ne pas mieux vendre un dossier jugé parfait, on a quitté depuis un certain temps le terrain de l'information.

Les journalistes sportifs, par leur défense et par leur promotion de Québec 2002, auront ainsi entraîné l'ensemble de l'information dans une dérive incontrôlable. Ils ont d'emblée fait main basse sur le dossier olympique et en ont surabondamment rempli leurs articles et leurs reportages. Alimentés par Québec 2002, qui ne demandait évidemment pas mieux, ils se sont convaincus et ont ensuite convaincu leur public de la solidité du dossier québécois. Ils se posaient à cet égard d'autant moins de questions que, dans leur conception du monde, « ce qui est bon pour le sport est forcément bon pour la société » et qu'il n'y avait strictement aucun inconvénient à « essayer ». Comme, par ailleurs, le sport occupe déjà, bon an mal an, beaucoup trop de place dans les médias, les gestionnaires des médias n'ont guère éprouvé le besoin d'augmenter ou de diversifier l'analyse de Québec 2002 en la confiant à des journalistes moins contaminés par la religion du sport spectacle. Les médias présentèrent donc une vision complètement déséquilibrée du projet : uniquement des éloges de la part des sections sportives et à peu près rien de la part des autres journalistes. Si, d'aventure, un éditorialiste effleurait le dossier, il le faisait en sachant que la clique des pages sportives s'empresserait, les jours suivants, d'invalider ses propos d'amateur mal informé.

Le problème n'a rien de simple. D'une part, la presse dite sportive vit depuis toujours en parfaite symbiose avec le marketing sportif. Ils cohabitent jusqu'à la promiscuité. La presse n'adresse de reproches aux pratiques du sport commercialisé que si sa dépendance à l'égard des grandes organisations sportives devient manifeste au point de n'être plus seulement honteuse, mais gênante. Elle ne formule d'ailleurs que des critiques « périphériques », car toucher le cœur de la question remettrait en cause ses privilèges. On a donc ainsi, à l'intérieur même des médias, une catégorie de journalistes qui ne sont pas au service de l'information, mais au service du sport spectacle et, plus spécifiquement, au service de ses promoteurs et de ses commanditaires. Quand, en plus, c'est d'olympisme qu'il faut traiter, on imagine avec quelle bonne conscience ils plaident la cause sportive.

D'autre part, les journalistes sportifs se sentent, à juste titre d'ailleurs, massivement appuyés par une proportion importante de la population. Leurs textes sont lus, leurs entrevues et leurs reportages, goulûment absorbés, leurs moindres propos, repris à satiété par des tribunes téléphoniques à la cote d'écoute désespérante. Ils jouissent ainsi, à plusieurs titres, d'un statut de vedettes que bien peu de journalistes ordinaires peuvent revendiquer. Ils n'ont donc aucun effort à faire pour mépriser les remarques que pourraient proférer à propos d'un dossier sportif ces « lologues » et ces intellectuels qui ne savent pas distinguer une mise en échec « virile » d'un coup vraiment « salaud ».

Dans les circonstances, comment introduire dans le débat olympique, qui *semble* de nature uniquement sportive, une argumentation qui nierait la suprême importance du spectacle sportif ? Pas facile. Les médias n'oseront pas le faire, car ils flatteraient alors à rebrousse-poil leurs propres journalistes sportifs qu'ils ont habitués à une autonomie inconditionnelle et nuiraient peut-être à la rentabilité de leur section sportive. Les amateurs de gloses sportives ne demanderont évidemment pas ce type d'information. Ceux et celles qui ne s'intéressent pas au sport spectacle ne sauront même pas, la plupart du temps, ce qui se dit dans ce beau et lucratif monde du sport. Alors, qui ?

Les décideurs politiques, quant à eux, dorlotent aujourd'hui les fanatismes sportifs avec une telle servilité qu'il ne faut pas davantage compter sur eux pour dégonfler les prétentions du sport spectacle. On peut penser, par exemple, que M. Parizeau a poussé (discrètement) un soupir de soulagement en entendant le « Salt Lake City » de Juan Antonio Samaranch, car il le libérait de l'endossement qu'il avait commis à l'égard de Québec 2002, mais on peut parier sans le moindre risque que jamais l'ex-premier ministre du Québec ne l'avouera.

Alors, qui ?

Ce fut habile de la part de Québec 2002 d'utiliser au maximum une presse sportive biaisée et, de toute manière, fort peu critique. Mais cette habileté n'aurait pas suscité dans la population autant de rêves fous et de déceptions cruelles si les médias eux-mêmes et les autres journalistes n'avaient pas, eux aussi, piteusement abdiqué leur rôle critique. Plutôt que de se mettre au service d'une information libre et crédible, les médias ont commandité ce qu'ils devaient évaluer. Quant aux journalistes qui n'appartiennent pas à la confrérie sportive, ils ont semblé ne découvrir qu'au lendemain de la décision de Budapest la vraie nature de l'olympisme moderne, les insuffisances de Québec 2002 et le risque que nous avions couru. Seul aspect encourageant, la presse semble présentement plus réticente à l'idée de « remettre ça » pour les Jeux de 2006. Présentement.

Bon toutou ou rassurant chien de garde ?

13

L'olympisme
ou le mouvement
olympique ?

Certains amis et plusieurs bons patrouilleurs du domaine olympique estiment que j'aurais dû, dans ce pamphlet, faire la distinction entre olympisme et mouvement olympique. Si j'avais consenti aux nuances souhaitables, me disent-ils, je n'aurais pas imputé à l'idéal olympique la triste interprétation que peuvent en faire certains individus ou certaines époques. J'aurais dénoncé les dérapages, mais je souscrirais toujours à l'idéal olympique.

Je ne suis pas d'accord et je n'ai donc pas, même si j'ai réexaminé mes positions selon ce que souhaitaient ces amitiés et ces compétences, tenu compte de la remarque. Pour un motif qui tient en peu de mots. Selon moi, le problème majeur n'est pas que l'olympisme soit, à toutes fins utiles, une transnationale du spectacle sportif. Il existe plusieurs de ces transnationales. Le problème, c'est que *l'une de ces transnationales, l'olympisme, s'avance masquée* et prétend mensongèrement être autre chose qu'une transnationale du spectacle sportif. Si l'olympisme levait sa visière et avouait son identité, on le reconnaîtrait pour ce qu'il est, et on le traiterait comme on traite les réseaux de télévision ou les grandes organisations qui contrôlent le sport commercialisé. On cesserait de lui accorder un traitement de faveur, on l'expulserait de l'école, on dialoguerait avec lui selon les règles d'une saine méfiance. En somme, on l'assoirait sur le même banc que les autres machines à vendre de la cote d'écoute en capsules sportives. On continuerait à apprécier ses spectacles et ses performances, mais on ne le proclamerait plus champion du monde de la philanthropie. Pour en arriver là, il suffit de comprendre que l'olympisme et le mouvement olympique, depuis cent ans qu'ils cohabitent, qu'ils concoctent leurs mauvais coups ensemble et qu'ils rigolent à nos dépens, sont une seule et même entreprise. Jamais le mouvement olympique n'a échappé à l'emprise idéologique de l'olympisme ; jamais l'olympisme ne pourra prétendre avoir été trahi par un désobéissant mouvement olympique. Alors ?

Le problème n'est donc pas surtout le comportement, d'ailleurs passablement ambivalent, du mouvement olympique. Il est que l'olympisme sert de caution et d'alibi à l'ensemble des pratiques du mouvement olympique. Il est que l'olympisme, grâce à son beau drapeau glorieux claquant au vent, empêche le public, les pédagogues, les médias et les gouvernements de déceler en lui les traits que l'on trouve dans les autres transnationales du spectacle sportif. Alors qu'il est un commerce, ce qui n'est pas un péché, l'olympisme se maquille en philanthrope et en éducateur. Ne dénoncer que le mouvement olympique sans dénoncer les fausses représentations de l'olympisme lui-même, ce serait laisser au mouvement olympique sa couverture idéologique, son auréole, ce sanctuaire religieux qui lui sert constamment de position de repli quand les attaques le cernent de trop près. Dénoncer le mouvement olympique en absolvant l'olympisme une fois de plus, ce serait admettre que *la fin justifie les moyens,* ce qui est déjà une sottise, mais ce serait admettre aussi, ce qui serait plus grave et plus bête, que l'olympisme est une fin au-dessus de tout soupçon. Il est temps que cesse l'équivoque : l'olympisme est pleinement conscient de ce que fait le mouvement olympique et il est pleinement solidaire de tous ses dérapages.

L'olympisme est au sport ce que la simonie est à la religion, en ce sens qu'il parasite le culte rendu au sport, qu'il intercepte à son profit les avantages culturels, éducatifs et spirituels de la pratique sportive, et qu'il s'adonne au trafic des sentiments et des états d'âme qui découlent de cette pratique. D'autres que lui le font ? Oui, mais ceux-là ne prétendent pas le faire par vertu. Ils n'entretiennent pas la même ambiguïté et n'endorment donc pas l'opinion publique de façon aussi insidieuse et aussi dangereuse.

Bien comprendre l'olympisme est d'autant plus nécessaire qu'il passe présentement à un mode de fonctionnement davantage inspiré des grandes entreprises et à un rôle plus marquant sur la scène mondiale.

Au cours des 20 dernières années, et parallèlement à la mondialisation du sport, le CIO, comme les FI, glisse progressivement du mode de fonctionnement des associations bénévoles au mode de fonctionnement des entreprises[1].

Ce constat, peu contestable, n'est pas nécessairement rassurant pour ceux qui rêvent de la démocratisation du sport toujours promise par l'olympisme et jamais assurée ni même aidée par lui. On peut même redouter que ce double renforcement permette à l'olympisme de nuire plus massivement encore que par le passé.

Chose certaine, la langue de bois sévit avec une force renouvelée dans la mise en marché de l'olympisme. Moins que jamais, le CIO ne reconnaît ses erreurs ou ses faiblesses ; plus que jamais, le CIO polit l'auréole qu'il s'est décernée. Au lieu de présenter des preuves, ce qui témoignerait d'un sens pédagogique inattendu chez lui, le CIO se contente d'affirmer. Il le fait avec une considération décroissante pour la réalité, car sa machine de propagande se renforce à mesure que l'organisme se rapproche du comportement des grandes entreprises.

> Au plan moral, et donc au plan des obligations de respect des règles et de l'esprit du sport, au plan aussi des responsabilités du CIO à l'égard de la jeunesse comme à l'égard de l'institution sportive dans son ensemble, le CIO conçoit son rôle comme celui d'un leader dans la promotion de l'éthique sportive et du fair-play, et dans la lutte contre la violence et le dopage en sport. Au plan du respect d'autrui, il réaffirme sa lutte contre toute forme de discrimination raciale, politique, religieuse ou sexuelle[2].

En faut-il davantage pour comprendre que l'olympisme est satisfait de l'olympisme, que l'olympisme félicite l'olympisme de son beau travail et l'encourage à persévérer courageusement dans la voie héroïque qu'a toujours suivie l'olympisme ? En faut-il davantage pour conclure que l'olympisme qui parle si éloquemment d'éthique réserve cette denrée à l'exportation ?

Les perspectives économiques qu'ouvre à l'olympisme son passage à un mode de fonctionnement plus corporatif inspirent au CIO une analyse encore plus contraire aux faits et des projets toujours plus inquiétants. Non content d'avoir toujours fait supporter les risques aux autres tout en se réservant l'ensemble des pouvoirs de décision, l'olympisme entend aller plus loin encore.

Conformément aux règles 19,2 et 11 de la Charte olympique, les revenus générés par les droits de diffusion des Jeux sont répartis entre les quatre partenaires du Mouvement olympique : en gros, de 1976 à 1992, le COJO reçoit environ 73 % de ces droits, montant qui participe à l'autofinancement des Jeux. Le reste des droits est réparti en trois tiers entre le CIO, les FI, et les CNO par le biais de la Solidarité Olympique. Le Mouvement olympique dans son ensemble bénéficie ainsi de l'augmentation des revenus du CIO. En d'autres termes, le CIO se donne les moyens administratifs et financiers de souscrire à sa mission, de remplir son rôle, de faire face à l'avenir à moyen terme. « Le fonctionnement efficace rejoint ici la morale. »

Au début des années 1980, les revenus du CIO proviennent surtout de la vente des droits de télédiffusion, et des intérêts bancaires qu'elle génère. Le succès financier de cette vente place le CIO devant la nécessité de limiter sa dépendance à l'égard d'une seule source de revenus, la télévision. Sous l'impulsion du président Samaranch, le CIO va s'assurer d'un soutien financier plus diversifié, notamment par la commercialisation du symbole et de l'emblème olympiques et l'obtention d'un parrainage substantiel avec le Programme TOP. Ce programme de parrainage, qui résulte d'un contrat conclu entre le CIO et la firme ISL Marketing pour la promotion de l'image du CIO et du Mouvement olympique, a généré au cours de l'« olympiade fiscale » 1989-1992 quelque 14 % de la totalité des revenus du CIO associés aux Jeux olympiques. [...] L'autonomie économique du CIO s'en trouve améliorée[3].

Content de lui, ancré fermement dans ses orientations traditionnelles, l'olympisme mobilise maintenant à son service les ressources et les stratégies classiques des grandes entreprises. Il en profite, au passage, pour faire main basse sur un plus fort pourcentage des revenus, même si les risques inhérents à la présentation des Jeux continuent de peser sur d'autres épaules que les siennes. Tout cela, qu'on s'en souvienne, sans que le CIO cesse de constituer un club privé alimenté par la seule cooptation.

À l'approche des Jeux d'Atlanta, le CIO se croit même assez fort pour envisager ce qui ressemble fort à une *cogestion avec la télévision*. C'est du moins l'hypothèse qu'inspire la possibilité qu'un contrat de 2,3 milliards de dollars en droits de télévision vienne lier le CIO et le réseau NBC pour dix ans. Le tout sera, en effet, de savoir qui, du CIO ou de NBC, se conduira désormais comme l'actionnaire majoritaire, comme l'ultime décideur. NBC, qui offre de financer des Jeux dont le site n'a pas encore été connu, va-t-elle laisser le CIO choisir seul les prochains sites ? On peut en douter. En revanche, le CIO, qui a toujours aimé mettre les athlètes et les gouvernements à sa botte et qui n'a que rarement rencontré de la résistance, devra-t-il maintenant accepter la loi de son principal bailleur de fonds ? Le CIO pliera-t-il comme devant le *Dream Team* ? Regardera-t-il ailleurs comme il l'a fait lors des Jeux de Los Angeles, quand Washington a déchiré la Charte olympique ?

Les Jeux d'Atlanta et les tractations en cours entre le CIO et NBC devraient bientôt nous dire si la CIO s'est, cette fois, montré trop gourmand ou si, au contraire, le CIO négocie juste à temps avec un indispensable partenaire devenu trop puissant.

Par ailleurs, les enjeux s'alourdissent et se

précisent, parallèlement, sur le terrain politique. Tout naturellement, l'olympisme étend au domaine politique les transformations que son passage à l'ère corporative a déjà déclenchées sur les fronts social et économique. Le CIO, qui n'a jamais eu le moindre respect pour la démocratie, se sent aujourd'hui de taille à manifester ouvertement son mépris des gouvernements et des États. Il se sent leur égal, sinon leur supérieur. Le CIO cherche donc, de son propre aveu, un accroissement de sa légitimité politique. Tout cela, bien sûr, en continuant de fonctionner comme un club privé alimenté par la cooptation. Ne s'en étonneront que ceux que bernent toujours les trémolos olympiques.

Dans ce contexte de changement accéléré des relations internationales, le CIO et le MO (Mouvement olympique) continuent d'œuvrer à la protection de leur autonomie, en développant une capacité d'action diplomatique. Au cours des années 1980, le Président Samaranch travaille activement à développer cette capacité d'action. Au total, en 12 ans d'exercice de la fonction présidentielle du CIO, il visite 165 pays et territoires ayant un CNO reconnu, et, un fait hautement significatif pour le MO, il est accueilli par les plus hautes instances politiques (Chefs d'État ou Premiers Ministres) dans 63 % de ses déplacements. En même temps, le Château de Vidy devient un lieu visité, à l'occasion de la candidature à la tenue des Jeux ou en d'autres occasions, par les plus hauts dignitaires des États. La légitimité du CIO et de son Président s'en trouve accrue[4].

Si l'on voit clairement les avantages que cette stratégie apporte au CIO, on voit mal, en revanche, quelle autonomie accrue les pays peuvent en retirer. Après avoir rendu à Son Excellence le président Samaranch les honneurs normalement réservés à des chefs politiques légitimes, les pays sont-ils en meilleure posture pour contrer efficacement l'impérialisme du CIO ? J'en doute.

Double offensive olympique, par conséquent. D'un côté, l'olympisme alourdit la panoplie déjà inquiétante de ses moyens de pression en s'alliant de façon structurelle avec l'un des plus puissants diffuseurs de la planète. De l'autre, il joue du coude pour être perçu de l'opinion mondiale comme l'équivalent d'un gouvernement légitime et même supérieur. Quand il sera devenu, à l'échelle mondiale, l'équivalent de ce que fut Berlusconi en Italie, c'est-à-dire un concentré médiatique et politique et la négation même de la démocratie, il s'en trouvera encore, j'imagine, pour lui trouver des vertus. Ce n'est pas mon analyse.

Par conséquent,

parce que l'idéal olympique dont on entretient le culte n'existe plus, s'il a jamais existé ;

parce que l'olympisme sert délibérément de caution, d'alibi et de façade trompeuse à un mouvement olympique hors contrôle ;

parce que l'olympisme est, en réalité, une transnationale du spectacle sportif qui masque sa véritable identité ;

parce que les athlètes eux-mêmes sont aisément réduits par la gestion olympique au rôle de pions interchangeables ;

parce que les sports retenus par les activistes olympiques le sont en raison de leur potentiel en termes de revenus de spectacles plutôt qu'en fonction de leur valeur proprement sportive ;

parce que la boulimie olympique exige un financement dont sont incapables une majorité de collectivités ;

parce que les priorités sociales et économiques d'une ville et même d'un pays résistent mal aux pressions de la mégalomanie olympique ;

parce que les décisions déterminantes en matière d'olympisme sont prises par des personnes et des cliques qui ne rendent de comptes à personne et qui ne s'inclinent devant aucune règle démocratique ;

parce qu'on devrait avoir le droit d'aimer le sport sans se sentir conscrit par la trompeuse liturgie olympique ;

parce que la concentration des pouvoirs médiatique et politique que recherche le CIO constitue une menace voilée et croissante pour la démocratie ;

et pour bien d'autres motifs encore,

il faut en finir avec l'olympisme.

Notes

Chapitre 1 • « Le CIO ne nous a pas compris ! »

1. Même à tête reposée, on osa écrire ceci dans le *Bilan de la candidature de Québec pour les Jeux olympiques d'hiver de 2002* (2 novembre 1995): «À l'approche du vote du 16 juin 1995, tout en étant toujours confiants pour les divers tours de vote, la perception était qu'il manquait malgré tout quelque chose [...]. De plus, le contexte n'était plus le même ; en effet à l'ordre du jour de ses travaux, le CIO avait décidé d'inscrire la question de la succession à la présidence et de l'âge de la retraite des membres, un sujet délicat impliquant inévitablement un membre canadien du CIO. » (p. 18) De là à accuser M. Richard Pound, en tant que vice-président peut-être appelé à succéder à M. Samaranch, d'avoir nui à la candidature de Québec...

Chapitre 3 • Place aux puissants

1. Michel Caillat et Jean-Marie Brohm, *Les dessous de l'olympisme,* La Découverte, 1984, p. 41.

2. C'est du moins ce qu'affirme le *Petit guide des Jeux olympiques,* de Jacques About et Michel Duplat,

Éditions de l'Homme, 1972. Quant à lui, *The Complete book of the olympics,* de David Wallechinsky, Londres, Aurum Press, 1992, ne montre aucun sport féminin dans le programme des Jeux olympiques d'Athènes, mais fait état du tennis et du tir à l'arc dans le programme féminin de Paris et du seul tir à l'arc dans le programme féminin de Saint-Louis. Les deux bilans ne sont pas nécessairement incompatibles.

3. Dans le vocabulaire olympique, un sport, on s'en serait douté, est un sport compris dans la liste des sports olympiques. Une discipline est une branche d'un sport olympique. Une épreuve est une compétition comprise dans un sport ou dans une de ses disciplines et débouchant sur un classement ou sur l'attribution de médailles olympiques. Dans la Charte olympique, version 1994, ces définitions apparaissent à la règle 52, pourvues de tous leurs détails.

4. Jacques About et Michel Duplat, *Petit guide des Jeux olympiques,* Éditions de l'Homme, 1972, p. 26.

Chapitre 4 • Le sport ? Non. Mon sport !

1. Bien sûr, les critères dont se sert le CIO pour choisir les sports olympiques et qu'il définit dans sa règle 52 ne concordent pas avec les critères dont il est ici question. Ne commençons quand même pas à croire tout ce que dit la Charte olympique, sinon nous n'en sortirons pas. J'y reviendrai.

2. *Op. cit.,* p. 123-124.

3. *Ibid.,* p. 122.

4. Propos rapportés depuis Paris par Paul Radford de l'agence France-Presse et cités par *Le Soleil* du mercredi 31 août 1994.

5. *Le Soleil,* 20 mai 1994, p. S-6.

6. *Journal de Québec,* 4 octobre 1995. La dépêche de Reuter aujoute : « Il [Samaranch] a reconnu se heurter pour l'instant à l'opposition des Japonais, qui s'inquiètent d'une augmentation des coûts. » Comme ce sont les Japonais qui paient et Samaranch qui rêve, on comprend la divergence.

7. Propos rapportés par l'agence France-Presse depuis Sabae, Japon, où se tenaient les championnats du monde, et cités par *Le Soleil* du 11 octobre 1995.

8. Propos rapportés par l'agence France-Presse depuis Sabae, Japon, et cités par *Le Soleil* du 4 octobre 1995.

Chapitre 5 • Argent ? Quel argent ?

1. Caillat et Brohm, *op. cit.,* p. 56.

2. *Ibid.,* p. 57.

3. Vassili Axionov décrit ainsi le statut de l'athlète olympique sous le régime de Staline : « L'idéal de la jeunesse d'alors était le sportif. Le terme "gymnaste" employé avant guerre ne l'était plus que par ironie, pour désigner l'amateurisme. L'être de classe supérieure affecté du nom de Sportif était un professionnel ou un semi-professionnel, bien que, contrairement à l'Occident pourri, le sport professionnel n'existât pas au pays des Soviets. » *Une saga moscovite,* Gallimard, 1955, p. 683.

4. La succession des pontifes dans la religion olympique est extrêmement simple. Le Grec Vikelas commence, mais dure peu (1894-1896). Coubertin enchaîne et préside jusqu'en 1925. Le comte Henri Baillet-Latour, de Belgique, succède au baron de Coubertin et règne pendant deux bonnes décennies. Le Suédois J. Sigfrid Edström dirige le CIO de 1946 à 1952. Brundage tient les commandes, fermement

d'ailleurs, de 1952 à 1972. Je compléterai la liste plus loin.

5. Axionov cite la *Pravda* de l'époque (1952) et donne idée de l'euphorie ressentie (et surtout propagée) à Moscou : « La maîtrise des sportifs soviétiques, leurs qualités morales et leur force de volonté, leur discipline, leurs rapports amicaux avec leurs adversaires suscitent l'admiration du monde entier. » *Op. cit.,* p. 964 et suivantes.

6. *L'Humanité,* 31 janvier 1972. Cité par Caillat et Brohm, *op. cit.,* p. 63.

7. « Sports et affaires, dix questions à Jean-Claude Killy », in *Le Sport et l'argent,* Bulletin du XIᵉ Congrès olympique, Baden-Baden, 1981, p. 28. Repris par Caillat et Brohm, *op. cit.,* p. 63.

Axionov décrit en des termes étonnamment proches l'équivalent soviétique du Killy capitaliste :

« Le Sportif recevait de l'État une bourse dont personne ne connaissait le montant, vu qu'elle portait le cachet "ultra-secret". À la rigueur, s'il n'avait pas encore atteint le niveau de la bourse, il avait droit à des tickets de suralimentation. » *Op. cit.,* p. 683.

8. Cette décision provoqua d'ailleurs des remous jusqu'au sommet du CIO. À preuve ce commentaire du premier vice-président du CIO, l'Australien R. Kevan Gosper : « Cette dérive professionnaliste risque de décourager les jeunes désireux d'embrasser une carrière sportive haut niveau. » (Cité par *Le Soleil,* 31 août 1994.)

Chapitre 6 • Plus monarchique que la monarchie

1. Une note précédente a déjà identifié les cinq premiers présidents. À eux s'ajoutent lord Killanin

(Irlande), dont le règne débute en 1972, et Juan Antonio Samaranch (Espagne), élu pour la première fois en 1980. Trois des sept pontifes, Vikelas, Edström et Killanin, totalisent 16 ans, les quatre autres, Coubertin, Baillet-Latour, Brundage et Samaranch, ont déjà à leur actif 85 ans de présidence, et Samaranch, malgré ses 75 ans, semble prêt à améliorer son record personnel. Même *Le Devoir* n'a pas connu une aussi auguste stabilité.

2. Caillat et Brohm, *op. cit.,* p. 12.

3. Simson et Jennings donnent, en appendice B de leur *Main basse sur les JO,* la liste des 93 membres actuels (1992) du CIO. On y remarque (le rang de chacun et sa date d'entrée au CIO sont indiqués entre parenthèses) les « personnes qualifiées » suivantes : grand-duc Jean de Luxembourg (1-1946), prince Alexandre de Mérode (11-1964), prince Fayçal Fahd Abdul Aziz (52-1983), princesse Nora von Liechtenstein (56-1964), prince Albert de Monaco (61-1985), son Altesse royale la princesse Anne (70-1988)…

4. Vyv Simson et Andrew Jennings, *Main basse sur les JO,* Flammarion, 1992, p. 21.

5. *Les Jeux olympiques de 1996 à Québec : étude de potentialité,* J. M. Dion & associés, janvier 1985, p. 5. Comme l'étude en question portait sur une éventuelle candidature de la ville de Québec aux Jeux olympiques d'hiver, elle renvoie constamment à ces seuls Jeux. Il va sans dire que les dispositions de la Charte olympique s'appliquent *a fortiori* aux Jeux d'été. Montréal en sait d'ailleurs quelque chose… D'autre part, l'étude de J. M. Dion & associés, rédigée en 1985, renvoie à la Charte olympique de 1984, non à la nouvelle version de 1994.

6. La fiction prend une autre forme dans le cas des Jeux de Los Angeles. « Pour la première fois dans l'histoire, les Jeux ne sont pas confiés directement à une ville ou plus exactement à un État, mais à un Comité privé. La Charte n'est pas seulement malmenée ou détournée, elle est balayée. » Caillat et Brohm, *op. cit.,* p. 52.

7. *Ibid.,* p. 23.

8. J. M. Dion & associés, *op. cit.,* p. 36. Même remarque que précédemment : la version 1994 de la Charte olympique précise (règle 52) que les délais pour l'inscription d'un sport ou d'une discipline au programme des Jeux olympiques sont désormais de sept ans. Cela n'empêchera quand même pas le président Samaranch d'exercer des pressions, en 1995, sur les responsables des Jeux de Nagano (1998) pour qu'ils ajoutent le surf des neiges à leur programme de sports de démonstration.

9. *Ibid.,* p. 32-33.

Chapitre 7 • Les maquignons dans l'école

1. Propos rapportés par l'agence France-Presse, Genève, Suisse, et cités par *Le Soleil* du 17 mai 1994.

2. *L'Agora* publiait, en janvier 1996, deux textes stimulants sur ce thème : « Une conception renouvelée de l'éducation physique », Gaston Marcotte ; « L'éducation physique : de la multi à l'interdimensionalité », Marc Bélisle, Jean-Pierre Cuerrier et Paul Deshaies.

3. Pierre Brodeur, in *Le Soleil,* 3 novembre 1994, p. A-15. L'auteur, qui détient un doctorat universitaire, est sociologue du sport et professeur d'éducation physique au cégep de Saint-Jean-sur-Richelieu.

4. *Ibid.*

5. Jean-François Tardif, in *Le Soleil,* 25 mars 1994, cahier des sports, p. S-10.

6. On voit que le CIO interprète de façon trompeuse la fameuse règle 52 de la Charte olympique, qui affirme que « seuls les sports largement pratiqués dans au moins soixante-quinze pays... » peuvent être inclus dans le programme des Jeux olympiques.

7. *Le Soleil,* 20 mai 1994.

8. Pierre Brodeur, *op. cit.*

Chapitre 8 • Ben Johnson fils spirituel de Samaranch ?

1. Cité dans *Stars in Motion,* n° 3, printemps 1993, p. 9, et repris par Caillat et Brohm, *op. cit.,* p. 127.

2. Charles F. Dubin, *Commission d'enquête sur le recours aux drogues et aux pratiques interdites pour améliorer la performance athlétique.* Avant-propos, p. xvi-xvii.

3. *Ibid.,* p. 125-126.

4. *Ibid.,* p. 260.

5. *Ibid.,* p. 260-261.

6. *Ibid.,* p. 168-169.

7. *Ibid.,* p. 170, 171 et 174.

8. *Ibid.,* p. 163.

9. *Ibid.,* p. 168.

Chapitre 9 • Des retombées... écrasantes !

1. Jon Helge Lesjo, Eastern Norway Research Institute, « The Winter Games in the European Periphery : The Case of Norway », Paper to the Grenoble Session, International Scientific Congress, *Sport and Mountain,* February 2-8, 1992, p. 3. Traduction libre.

2. *Ibid.,* p. 2-3. Traduction libre. Autre texte fascinant sur le même phénomène : Jerry Ross et Barry

M. Staw, « Expo 86 : An Escalation Prototype », in *Administrative Science Quarterly*, 31, 1986, p. 274-297.

3. Fernand Landry, Magdeleine Yerlès et Éric Pilote, *Les Jeux paient-ils les Jeux ? Un regard sur le coût des Jeux olympiques,* 63ᵉ Congrès de l'ACFAS, Chicoutimi, 23 mai 1995.

4. Propos cités par Landry, Yerlès et Pilote au 63ᵉ Congrès de l'ACFAS.

5. Même source.

Chapitre 10 • La déroute de Québec 2002

1. *Mémoire au Conseil des ministres concernant le soutien du gouvernement du Québec à la candidature de la ville de Québec pour la tenue des Jeux olympiques d'hiver de 2002,* partie accessible au public, 19 novembre 1992 (reçu au secrétariat général du Conseil exécutif le 25 novembre 1992), 15 pages de texte sans compter les annexes. Toutes les annexes annoncées ne se trouvent d'ailleurs pas dans la « partie accessible au public ».

2. *Le Soleil,* samedi 2 février 1994, Publi-reportage, p. 2-3.

3. Landry, Yerlès et Pilote, *Les Jeux paient-ils les Jeux ? Un regard sur le coût des Jeux olympiques,* 63ᵉ Congrès de l'ACFAS, Chicoutimi, 23 mai 1995.

4. Susannah Vesey, «The Atlanta Constitution», 16 avril 1995. Article contenu dans la revue de presse du CIO. Traduction libre.

5. Donald Ratajczak, Director of the Economic Forecasting Center of Georgia State University, *The Atlanta Constitution,* 16 avril 1995.

6. Richard Reich, «Ruhet in Frieden – bis zum nächstenmal… Lillehammer ein Jahr nach der "Olympic Experience" », in *Neue Zürcher Zeitung,* 10 février 1995.

Le résumé anglais fait partie de la revue de presse du CIO qui donne ainsi, une fois de plus, une interprétation particulière de sa propre règle sur la préséance du français.

7. « Lillehammer hat den Katzenjammer Überstanden – Dem olympischen Fest folgte Ernüchterung/ Überkapazitäten und optimistischer Ausblick », in *Süddeutsche Zeitung,* 11 février 1995. Également inclus dans la revue de presse du CIO.

8. Matthias Huthmacher, « Ein Jahr nach den Spielen in Lillehammer ist die Rechnung noch lange nicht beglichen – Das olympische Erbe verbreitet nur noch Pessimismus », in *Frankfurter Allgemeine,* 25 février 1995. Traduction libre.

9. Dag Leonardsen, Oppland College, Lillehammer, Norvège, « Community Lost or Freedom Gained ? », communication présentée au 13ᵉ Congrès mondial de sociologie, Bielefeld, 1994. Traduction libre.

10. *Ibid.,* p. 15.

11. *Mémoire au Conseil des ministres* […], p. 9.

11. Un beau cas d'endossement « spontané »

1. *Le Soleil,* 3 février 1992.

2. J. M. Dion & associés, *Les Jeux olympiques de 1996 à Québec : Étude de potentialité,* janvier 1985, p. 78-81.

3. Claude Larochelle, « Québec doit obtenir ces 600 millions $. L'absence de candidature pour 2006 serait néfaste », *Le Soleil,* 20 novembre 1995, p. S-5. J'ai respecté la ponctuation et les guillemets de M. Larochelle. À chacun de répartir les déclarations entre lui et M. Lemieux.

4. *Journal de Québec,* 10 novembre 1995, p. 7.

5. *Correspondance avec les membres du CIO,* 7 novembre 1995.

12. Une information schizophrénique

1. J'ai dit qu'il y eut d'heureuses exceptions. Je le répète, mais ce n'est pas cela, la nouvelle. La nouvelle, c'est que trop de journalistes, surtout mais pas seulement ceux de la section sportive, se sont intégrés à la parade dont ils devaient rendre compte.

2. Débat organisé à l'occasion de la création de la section de Québec de la Fédération professionnelle des journalistes du Québec (FPJQ). Hôtel Radisson, Québec, mercredi 13 avril 1994. Un mot sur le paragraphe 14. Quand la double médaillée d'or Myriam Bédard est revenue de Lillehammer, admirateurs et médias lui ont organisé un accueil triomphal. Quand les médias ont appris que le maire de la municipalité d'où vient Myriam Bédard ne serait pas présent puisqu'il était en vacances en Floride, ils l'ont joint là-bas. Quand le maire a expliqué qu'il ne pouvait pas revenir à temps, faute de place à bord des avions, un média a multiplié les démarches et a rappelé le maire en Floride pour lui annoncer triomphalement qu'on lui avait trouvé un billet de retour. Un peu piteux, le maire a interrompu ses vacances pour venir participer à l'enthousiasme collectif... Si c'est cela, rendre compte de l'événement !

13. L'olympisme ou le mouvement olympique ?

1. Magdeleine Yerlès, *Aspects politiques, économiques, sociaux et organisationnels « nouveaux » du Mouvement olympique,* 34e Session internationale, Académie internationale olympique, 18 juillet-2 août 1994, p. 3.

2. *Ibid.,* p. 4.

3. *Ibid.,* p. 9-10. La note 12 de ce document devrait être lue avec attention par les éventuels promoteurs de candidatures : « Ce schéma de répartition des droits de diffusion (73 %-9 %-9 %-9 %) est en cours de révision. La répartition COJO/Mouvement olympique sera de 60 %/40 %. »

L'affirmation que « le fonctionnement efficace rejoint ici la morale » provient de la source suivante : B. Jeu, Centre lillois de recherche en analyse du sport, *De la vraie nature du sport : Essai de déduction générale des catégories sportives,* Paris, Vigot, 1985, p. 31. Je suis d'ailleurs heureux d'en laisser toute la responsabilité à l'auteur.

4. *Ibid.,* p. 11.

Table des matières

COLLECTION « POUR EN FINIR AVEC »
DIRIGÉE PAR RICHARD MARTINEAU

Mise en pages et typographie :
Les Éditions du Boréal

Achevé d'imprimer en avril 1996
sur les presses de AGMV,
à Cap-Saint-Ignace (Québec)